本书受到"中央高校基本科研业务费专项资金后期资助项目"的资助；本书中有关土地的内容，系司法部2020年度国家法治与法学理论研究项目"土地征收补偿在集体内部分配的法律问题研究——行政法的视角"（项目号：20SFB2005）和2024年度国家社会科学基金项目"土地征收成片开发法律问题研究"（项目号：24BFX042）的研究成果

蔡乐渭

著

公共治理
是个
精细活儿

生活中的法学、法律与法治

北京出版集团

文津出版社

序

乐渭老师的新书付梓，邀请我帮他作序，但因为暑期搬家延宕至今。

书中的大部分文章此前我都读过，有的文章我还充当过编辑，例如"拍黄瓜案""槟榔禁限令""私建浮桥案""拥抱梅西案""唐山打人案"等。有一段时间我和其他几位老师在澎湃新闻合开普法专栏《法治的细节》，我也总会邀约身边有法治热情的同事好友一起撰写，乐渭老师应该就是被我邀约最多的那个。有时电话他还奔波在机场和火车站，但接了电话，商量完选题交流好思路后，他会马不停蹄地开写。记得有一次，他正在回老家的火车上，并没告诉我自己没带电脑，对于邀约依旧爽快答应，直至交稿时，才告诉我文章是用手机写的。

《法治的细节》栏目的主编单雪菱有次还说，乐渭老师简直就是栏目的编外。但可惜的是，《法治的细节》栏目很快就阵亡了。知道这个栏目要结束的那天，我难受了好久，还在朋友圈里写了一段："想起新开栏目那年每晚都会在（编辑）群里云喝酒，有两人尚在封笔，我和之光老师奋笔疾书地写作，文章总是写完就发了，哪怕是周末……但转眼间栏目没了，崩坏破败总是来得太快，每个人仿佛都到了新路口。所以，明天会好吗？"也因此，再重看乐渭老师的文章，仿佛又回到那个可以随意"撕扇子"的时候一般亲切。

我和乐渭老师硕士同门。我们的硕士导师是已故的张树义教授，也是行政法学"控权论"学说的绝对旗手。大概也是受老师影响，我和乐渭老师基本都算是个自由主义者，笃信在个人和国家的关系上，个人的自主选择应受到绝对保障。每次在聊到发生于现实的极端案件，尤其是政府机关滥权的案件时，我俩似乎也总是表现得最情绪激愤。记得有次一个学生评价我，老师你虽然写各种体裁的文章，学术论文、法律时评甚至文艺评论，但能感受出立场是一以贯之的，你对法治、正义、自由、尊严的看法并没怎么改变过。我很欣慰能听到这样的评价，因为写作本身就是个人的映照。若从这个角度看，我邀约和编辑了乐渭老师那么多的文章，觉得他的自由主义立场也未曾改变过。这种立场体现于他刊发时广受好评的很多文章，例如"关于死不起：医院可否将太平间外包？""谁可以决定全程全时段禁放烟花爆竹""阻春耕背后：增补承包费的实质是行政权力与民争利"等中。通过书写这些文章，乐渭老师也一直都在努力传达一个我们这些公法老师都笃信的法治真理：在个人与国家的关系上，国家是手段，个人才是真正的目的，所以，是国家为个人而存在，而非个人为国家而存在。

乐渭老师的这本书取名为《公共治理是个精细活儿》。其实最初我对这个标题还提出过异议。在我看来，行政法治的一般原理迄今都很难说已牢固确立，食品小店拍盘黄瓜就会被罚款 5000 元，在超市外做作业的店主孩子会被城管粗暴地收走桌椅，甚至有村民在公有设施并不齐备的情形下自费搭建浮桥，却因为只是向过往者收取了一定费用就被定为寻衅滋事。这些案件在很大程度上都反映出公权力的恣意和任性，而这种任性又总以个体的尊严和权利受到贬损和侵蚀为代价。所以公共治理在精细化之前可能首先要做的，仍旧是法治常识的普及和基本信念的坚守，而这些最需要法律工作者的持续努力。尽管我们也深知，那些刊出的文章发表的异见大多时候都没法撼动坚硬的现实，甚至没办法改变个案的结果，但只要能激起一丝涟漪，努力依旧是可贵且必须的。此外，书写典型个案不仅是普法的很好方式，也会让我们这些安于书斋和课堂的学者老师意识到，法律并不只是抽象的原则、规范和体系，它关乎每个具体个人的命运起伏。意识到这一点，大概才能对自己的职业产生真正的使命感，才能不会再在虚荣和虚无之间来回摆荡。

乐渭老师书里曾写过因冲下球场拥抱梅西的少年。这个少年后来因违反了《治安管理处罚法》第二十四条而被治安拘留 5 日。尽管我和乐渭老师都为这个少年激昂的青春所感染，但两人对于处罚是否合法认识却全然不同。在我看来，少年只是在比赛间隙冲下球场拥抱了自己的偶像，其行为并未造成比赛的中断，也未引发任何人员伤害，所以从危害程度上也无法将其与第二十四条列举的应被拘留的"在场内燃放烟花爆竹或者其他物品""展示侮辱性标语、条幅等物品的""围攻裁判员、运动员或者其他工作人员""向场内投掷杂物，不听制止"等行为相类比，直接将其拘留属于处罚畸重。但乐渭老师却认为，即使要挥洒青春，也不可轻易脱序，所以拘留仍旧是恰当的。记得我之前写完那篇文章时，很多人跟我商榷，说到底都是当自由和秩序面对冲突时，更倾向于保护哪种价值。不同意见和倾向其实也反映出，公共治理和行政执法都并非黑与白之间的简单选择，其背后始终关涉复杂的价值权衡。类似的案例在书中还有很多，例如很多人都反感因燃放烟花爆竹导致的空气污染甚至引发的人身伤害，但如果某地政府基于这一目的就发出全域全时段禁燃的命令是否就一定合法呢？

　　上述案件让大家感受到公法学和公共生活的密切关联，也激发起公众对公共议题的广泛参与，而这种参与和讨论又是构建良善社会的重要基础。因为人永远无法期待理想乌托邦从天而降（这种期待本身就非常危险），相反，良善社会的形成需要我们每个人的付出和努力。正如乐渭老师在书中所写，"没有人是孤岛，我们都在同一条船上，若无视他人的灾难，最后倾覆的就是整条船"。所以，关心公共生活是现代公民的自觉也是责任。再回到最初的那个问题，明天会更好吗？在此我很想附上北大历史学罗新老师的回答，"长远地看，一定会更好。因为比现在好，是我们的基本追求。历史是有意义的，我们无法改变过去，但我们可以期待更好的未来"。

最后，祝福各位读者阅读愉快！

北京大学法学院研究员　赵宏

2024 年 9 月 9 日

目　录

第一章　行政处罚的法理与常识…………………………………… 1

一、"拍黄瓜"惊奇：行政处罚与大众认知 ………… 3

二、"拍黄瓜"遭疯狂索赔，问题到底出在哪里? … 12

三、"小过重罚"现象的实践逻辑与制度出路……… 22

四、促进对小微市场主体的"过罚相当"

需以完善立法为基础 ………………………… 32

五、轻微违法"免罚慎罚"制度应予落实和推广 … 36

六、标价 1598 元的羽绒服成本只有 75 元，

衣念公司应该被罚吗? ……………………… 40

七、常年用"擦边"内容做广告，

椰树集团的法律是非与市场逻辑 ………… 48

八、闯入球场拥抱梅西的球迷：

青春当挥洒，但不可脱序 ………………… 54

第二章　槟榔的故事：立法抉择与利益权衡⋯⋯⋯⋯ 61

　九、槟榔禁限：立法先行，方可有效监管　⋯⋯⋯⋯ 63

　十、槟榔立法：基于科学的利益权衡

　　　与政策决断 ⋯⋯⋯⋯⋯⋯⋯⋯⋯⋯⋯⋯⋯ 67

　十一、槟榔监管与立法的几个问题 ⋯⋯⋯⋯⋯⋯ 75

第三章　公共服务、政府职责与公民权利⋯⋯⋯⋯ 89

　十二、义务教育劳动课程，这是一个涉及国家

　　　　与家庭教育分工的事 ⋯⋯⋯⋯⋯⋯⋯⋯ 91

　十三、高中登记入学试点缓解中考升学焦虑了吗？⋯ 98

　十四、大学校园应以向社会公众开放为常态 ⋯⋯⋯ 102

　十五、就业数据造假的真正原因，

　　　　是高等教育的评估考核机制 ⋯⋯⋯⋯⋯ 106

　十六、城市公共交通可以停运吗？⋯⋯⋯⋯⋯⋯⋯ 113

　十七、铁路客运与人民生活关系重大，

　　　　票价调整并非单纯市场行为 ⋯⋯⋯⋯⋯ 125

　十八、"私建浮桥"案件的背后，

　　　　是公共服务的缺位 ⋯⋯⋯⋯⋯⋯⋯⋯⋯ 131

　十九、反思南宁停车收费风波：

　　　　定位不明则乱象难止 ⋯⋯⋯⋯⋯⋯⋯⋯ 142

　二十、任何一起公路塌方灾难，

　　　　都不是纯粹的自然原因导致的 ⋯⋯⋯⋯ 153

二十一、从风景区到"封"景区：

围挡山河合法吗？ ……………… 157

二十二、关于"死不起"：

医院是否可以将太平间外包？ ………… 167

二十三、遏制殡葬服务机构的营利冲动 ………… 177

第四章　公共治理的任务确定与手段抉择 ………… 189

二十四、文明城市创建，离不开规范文明执法 …… 191

二十五、谁可以决定全域全时段禁放烟花爆竹？ … 200

二十六、烟花爆竹的"禁"与"限"

应在法治基础上平衡各方利益 ………… 210

二十七、"阻春耕"背后，"增补承包费"的

实质是行政权力与民争利 …………… 215

二十八、"的姐"年满 50 周岁

被注销从业资格证的法与理 ………… 224

二十九、"网约车新规"或重创

出租汽车行业创新 …………… 230

三十、警惕"网约车新政"潜在的负面影响 ……… 236

三十一、不要便于监管的网约车，

就要面对难以监管的黑车 …………… 243

三十二、造就清朗的城市天际线，

需要采取合法的行政手段 …………… 247

三十三、"散乱污"治理可以"一刀切"吗？ ······ 255

第五章　法治的多面性：你不理法，法就不理你 ··· 263

三十四、免于恐惧是一种无从放弃的权利 ······ 265

三十五、正确理解生育政策的新旧衔接问题 ······ 269

三十六、《人口与计划生育法》修正后，已经
　　　　征收的社会抚养费还能要求返还吗？ ······ 275

三十七、1735 名村民告区政府：
　　　　见怪不怪之日，方是法治胜利之时 ······· 279

三十八、信息处理费是政府信息公开
　　　　的调节手段还是处理成本？ ·············· 285

三十九、公职人员殴打他人，
　　　　不能因受到政务处分而了之 ·············· 294

四十、平反冤案后我们应该做什么？ ············· 298

四十一、拜鬼求神，寻衅滋事与责任追究
　　　　——南京玄奘寺供奉日本战犯事件追责
　　　　应严格、依法进行 ················ 301

四十二、挺身而出与否，这不仅是个人的事 ······· 307

四十三、陆谦的帽子 ······················· 313

后　记 ····························· 316

第一章

行政处罚的法理与常识

- 一、"拍黄瓜"惊奇：行政处罚与大众认知

- 二、"拍黄瓜"遭疯狂索赔，问题到底出在哪里？

- 三、"小过重罚"现象的实践逻辑与制度出路

- 四、促进对小微市场主体的"过罚相当"需以完善立法为基础

- 五、轻微违法"免罚慎罚"制度应予落实和推广

- 六、标价1598元的羽绒服成本只有75元，衣念公司应该被罚吗？

- 七、常年用"擦边"内容做广告，椰树集团的法律是非与市场逻辑

- 八、闯入球场拥抱梅西的球迷：青春当挥洒，但不可脱序

一、"拍黄瓜"惊奇：
行政处罚与大众认知

    2022 年 7 月，合肥多家餐馆因未取得冷食类食品经营资质售卖凉菜被罚款。其中，包河区王良才酸菜鱼望湖城店因无资质在外卖平台上售卖凉拌黄瓜，被处以 5000 元罚款；庐阳区又驰餐饮店因在网上销售凉拌黄瓜被罚款 5000 元。在合肥之外，也有餐饮店老板反映，称自己在店内"拍黄瓜"做凉菜被市场监管部门处罚 5000 元。

    消息披露之后，舆论反响强烈，许多人认为，餐馆因售卖寻常可见的拍黄瓜行为被罚款，甚至因为 10 余元的"违法所得"就被罚款高达 5000 元，这是不合常理的，也有违于人们对社会公正的一般认知。

    新闻中所涉的"拍黄瓜"只是一个代称，实际上指的是相关当事人制售冷食类食品的行为，但为着表述的方便和更易于理解，我们权且将之称为"拍黄瓜"。毫无疑问，食品安全事关人们的生命健康安全，具有高度的敏感性和极端的重要性，加强对食品安全的监管也因此极具必要性。但在全面建设法治国家的大背景之下，行政机关的监管行为，仍然需要遵循依法行政的基本原则，作出的行政处罚决定应该是合法、合理的，也应该是符合社会公众一般认知的。

公开报道并未明确处罚的具体依据是什么，但根据现有资料大致可以推知，相关案件中所涉及的罚款，其依据应该是《食品安全法》第一百二十二条与《网络食品安全违法行为查处办法》第三十八条。其中，《网络食品安全违法行为查处办法》第三十八条规定：违反本办法第十六条规定，入网食品生产经营者未依法取得食品生产经营许可的，或者入网食品生产者超过许可的类别范围销售食品、入网食品经营者超过许可的经营项目范围从事食品经营的，依照《食品安全法》第一百二十二条的规定处罚。而《食品安全法》第一百二十二条则规定：违反本法规定，未取得食品生产经营许可从事食品生产经营活动，或者未取得食品添加剂生产许可从事食品添加剂生产活动的，由县级以上人民政府食品安全监督管理部门没收违法所得和违法生产经营的食品、食品添加剂以及用于违法生产经营的工具、设备、原料等物品；违法生产经营的食品、食品添加剂货值金额不足 1 万元的，并处 5 万元以上 10 万元以下罚款；货值金额 1 万元以上的，并处货值金额 10 倍以上 20 倍以下罚款。

根据上述条款，未取得食品生产经营许可从事食品生产经营活动且经营额不足 1 万元的，并处 5 万元以上 10 万元以下罚款。而公开报道中所提及罚款，多在 5000 元，应该是进行了"减轻处罚"。那么，此种经减轻之后的罚款决定，是否就合乎相关法律的规定呢？我们可以根据《行政处罚法》《食品安全法》《食品安全法实施条例》等法律、法规、规章的规定进行分析。

对无证"拍黄瓜"可以减轻处罚吗？

如前所述，相关行政机关对无证"拍黄瓜"行为进行了减轻处罚，也即在法律明确规定的处罚幅度以下进行处罚。这意味着，在行政机关看来，无证"拍黄瓜"行为是违反法律规定的，但属于可予以减轻处罚的情形。有关减轻处罚，根据《行政处罚法》第三十二条，当事人有下列情形之一，应当从轻或者减轻行政处罚：（一）主动消除或者减轻违法行为危害后果的；（二）受他人胁迫或者诱骗实施违法行为的；（三）主动供述行政机关尚未掌握的违法行为的；（四）配合行政机关查处违法行为有立功表现的；（五）法律、法规、规章规定其他应当从轻或者减轻行政处罚的。

此次媒体所披露的无证"拍黄瓜"行为，并不存在第（二）（三）（四）项规定的情形；《食品安全法》等食品安全领域的专门立法并没有对从轻与减轻处罚进行规定，因此，无证"拍黄瓜"行为也不符合第（五）项规定的情形；

从披露的案情看，一次或数次无证"拍黄瓜"行为一旦发生，其即便存在危害后果，该后果似乎也难以"主动消除或减轻"，也即，除非存在已公开信息之外的情况，前述案件也不存在第（一）项所规定的"主动消除或者减轻违法行为危害后果"的情形。因此，相关行政机关对无证"拍黄瓜"行为予以罚款的决定，若其依据是《食品安全法》第一百二十二条，那么，罚款数额就应该在 5 万元以上 10 万元以下；而予以 5000 元罚款处罚，尽管其相对较符合一般公众的公平感，但仍然属于于法无据。

对无证"拍黄瓜"必须予以罚款吗？

媒体报道中，合肥市市场监督管理局相关负责人称，面对实体店出现类似于无证销售"拍黄瓜"凉菜的情况，市场监管部门会在首次警告责令改正，如果拒不整改，再根据相关法律规定处以 5000 元左右的罚款。从上述表态看，相关部门也在采取一种谨慎态度，首次发现问题时并不罚款，而是先予警告责令改正。但问题在于，即便这样做，也并不尽然符合《行政处罚法》的要求。

《行政处罚法》第三十三条规定，"违法行为轻微并及时改正，没有造成危害后果的，不予行政处罚。初次违法且危害后果轻微并及时改正的，可以不予行政处罚"。根据该条规定，对行政违法行为，并非必然要予以行政处罚，而是在特定情形下可以不予处罚。那么，无证"拍黄瓜"行为，是否属于可不予处罚的情形呢？

公开信息显示，相关案件涉及案值仅有数百元，甚至仅有 10 余元，其案值是微小的。作为冷菜制作的过程，一个小店的冷菜制作与平常家庭的冷菜制作，并没有本质的区别。如果认为其制作行为本身即是有危害后果的，则是否可认为家庭制作"拍黄瓜"也有危害后果（尽管是针对自身或亲友）？既然有危害后果，是否也应该予以制止？因此，对此类行为危害后果的认定，需要有专门的证据，而不能仅因其存在此类行为，即认为具有危害性。

有关是否属于"首违不罚"的情形，前述市场监督管理局人士提到，"会在首次警告责令改正"，针对相关"拍黄瓜"案件中违法行为，若此处警告系属于一般性的警示提醒行为，则不违反有关"首违不罚"的要求，若属于"警告处罚"，则虽不属人们所熟悉的罚款处罚，但其本身仍是一种行政处罚。而鉴于法律对"首违不罚"的规定是"可以不予行政处罚"，故行政机关对"首违不罚"具有裁量权。

"轻微不罚"和"首违不罚"是《行政处罚法》的明确要求。无论是无证"拍黄瓜"行为还是其他违法行为，只要符合"轻微不罚"和"首违不罚"的条件，行政机关即应不予处罚。本次媒体所公开的"拍黄瓜"案件，至少有部分应符合不予处罚的条件，不应予以行政处罚。

事实上，对无证"拍黄瓜"进行处罚虽属常见，但并非所有主管机关都对此类行为直接予以行政处罚。在一起类似的案件中，山东省安丘市市场监督管理局就认为，"涉事单位的违法行为明显轻微，销售价格均在 20 元左右，我局在调查过程中其主动下架产品，责令改正和主动改正均为及时改正。如果按《食品安全法》处以 5 万元的处罚，明显与过罚相当的立法精神不符，处罚过重，加重其生活困难"。

无证"拍黄瓜"必然是违法行为吗？

无论是"减轻处罚"还是"轻微不罚"，抑或"首违不罚"，其都隐含着一个前提，即餐馆未经许可制售"拍黄瓜"等冷食类食品是违法行为。的确，从《食品安全法》和《食品安全许可管理办法》相关条文的字面规定看，该行为看上去属于违法行为。但是，若结合立法内容、生活常态与公众认知，通常以制售即食食品为主要经营内容的餐馆制售"拍黄瓜"，是否属于必须取得专门许可的食品生产经营行为，在法律上仍然有解释空间。

在我们的饮食文化和生活常态中，热菜是主要菜品，冷菜则是作为辅助菜品而存在的，餐馆提供的菜品中自然也包括冷菜。可以说，就餐馆而言，冷菜是热菜的附属部分，而并非独立部分。同时，现实生活中绝大部分的餐馆都在提供冷菜，这许许多多的餐馆中，又有多少比例申请了专门的冷食许可证？若一般餐馆制售"拍黄瓜"行为都是违法行为，那么，按照严格执法的要求，相关行政机关是否需要对这许许多多的甚至不可能达到办理冷食类食品许可标准的餐馆进行专门执法？如果这样做的话，会引起什么样的和多大的社会反响？有鉴于此，《食品安全许可管理办法》所规定的"冷食类食品制售"，或许可解释为专门从事冷食类食品制售活动的企业的制售行为，而不包括一般餐馆辅助制售行为，即在提供通常所称热菜的同时，按照传统饮食文化，一并制售作为辅助菜品的"拍黄瓜"之类的冷菜。这样的解释不仅于理可通，也更符合当前的生活常态，更具有全面执法的可行性。

对无证"拍黄瓜"进行罚款符合政策取向吗？

2022 年 7 月 21 日，国务院常务会议审议通过了《关于进一步规范行政裁量权基准制定和管理工作的意见》和《关于取消和调整一批罚款事项的决定》，着力破解执法简单粗暴、乱收费乱罚款等行政执法领域突出问题。

在吹风会上，相关负责人表示，这次清理行政法规和部门规章中的罚款规定，概括起来就是"三个一律"，即凡是违反法定权限和程序设定的罚款事项，一律取消；凡是罚款事项不适应经济社会发展需要、有违"放管服"改革精神、不利于优化营商环境的，或者有失公允、过罚不当的，一律取消或调整；凡是罚款事项可采取其他方式进行规范或管理的，一律取消。

此次清理虽然针对行政法规和部门规章所规定的罚款，而不及于法律的规定，但这也反映了国家针对罚款这一行政执法手段的基本态度。在这个意义上，对一般的餐饮店制售作为辅助菜品的"拍黄瓜"之类冷菜即处以5000元的罚款，除了本身是否符合过罚相当原则可商榷外，该做法是否符合国务院有关罚款手段使用的精神，也同样存在疑问。

立法对"拍黄瓜"需要有所作为吗？

前文的论述表明，对类似无证"拍黄瓜"行为，行政机关在执法的过程中其实是存在裁量余地的，并非只能进行行政处罚，甚至，某些行政罚款行为本身就是进行裁量的结果，只是其裁量本身的合法性与合理性存疑。

除行政执法之外，在立法上，也有必要进一步明确，所谓的冷食类食品制售行为是否包括，以及是否有必要包括一般餐馆兼卖冷菜的行为。立法的过程是一个反映民意的过程，立法的内容应该与公众的一般认知相符合，至少不能与公众认知相去太远。此次"拍黄瓜"事件之所以引起舆论的强烈反响，其原因恰恰在于，相关的行政处罚案件与社会公众的认知是不一致的。而此类事件的出现，从大处着眼，可谓是对人们树立法治信仰的一种阻滞。因此，立法有必要本着高度谨慎的态度，对相关内容予以进一步明确，若相关内容与一般公众的认知不一致，则需要有充分的理由，进行深入的沟通，作出合理的说明。

再退一步，即便认为类似的行为系违法行为，法律如何规定处罚也要预留必要和适当的裁量余地与梯度空间。食品安全的重要性自不待言，但食品违法的情形是多种多样的，对某一类违法行为，一律处以动辄数万元起的罚款，忽视了社会生活的多样性，违背了人们对公平正义的一般理解，也使得《行政处罚法》所规定的过罚相当原则被架空。可见，出现此类无证"拍黄瓜"被罚5000元的案件，并引发社会舆论的关注，不只是行政机关执法时的问题，也有立法机关如何立法的因素。立法不仅可以有所作为，也应该作出必要回应。

（注：2022年7月，媒体曝出，合肥市等地有多家餐馆因未取得冷食类食品经营资质售卖凉菜被行政罚款。此后各地又有类似案件曝出，许多餐馆因未获得冷食类食品制售许可证而制售凉菜被处罚。这些案件中，最多被提及的是餐馆制售了"拍黄瓜"而被处罚，故也被称为"拍黄瓜"案件。鉴于"拍黄瓜"是生活中最常见的传统凉菜，因制售"拍黄瓜"本身而被处罚，也为之前闻所未闻，故，新闻一出，舆论哗然，对其合法性与正当性提出了一系列质疑。）

二、"拍黄瓜"遭疯狂索赔,
问题到底出在哪里?

据澎湃新闻报道,2023 年,上海的职业索赔投诉量高达 24.6 万件,其中近 8000 人年投诉量超过 10 件。还有人在一年内以"无证拍黄瓜"为由向 1372 家餐饮店提出高额索赔。新闻一出,媒体纷纷转载,但各界所关注的,却多在对职业索赔的谴责,而较少探寻此种现象背后的原因。即使在前述报道中,有关人士也仅委婉提及"许多合规上的小瑕疵并非企业故意为之,也不会对消费者造成误导或对产品质量或食品安全带来实质性影响",而未讨论这些"合规上的小瑕疵"为何出现。实际上,只有找出"疯狂索赔"等类似超乎大众想象情形的背后原因,才可能从根源上解决此类问题。

频频出现的不合理现象

因为食品安全问题而向商家索赔,本是平常不过的现象,但因同一个理由,向多达 1300 余家餐饮店索赔,这已经远远超过平常人能想象的程度，不可谓不疯狂。

实际上，在食品安全和药品管理领域，近年来类似出乎普通人意料乃至让人瞠目结舌的情形并不少见。例如，媒体曾曝光的小卖部、小超市等无许可证售卖风油精、清凉油、创可贴等常用药品被查，也引起了舆论较大的反响。而更早之前，陕西、山东、福建等地有商贩或菜农因售卖农药等有害物质残留轻微超标的芹菜、豆芽等而被处数万元罚款，也引起了人们对"小过重罚"的热烈讨论。

上述种种情形，都有一个特征，即行政监管的力度超出了一般公众通常的认知。人们无法想象，为什么会有人因为餐饮店卖"拍黄瓜"，就对1300余家店铺提起了索赔，他凭的是什么？人们同样无法想象，风油精、清凉油、创可贴、医用口罩之类常见物品，怎么就不能便捷地在小店售卖了？这些小店销售上述物品，又到底有什么危害？人们更无法相信，商贩或菜农售卖小量不合格蔬菜，其获利可能仅有数元，怎么就需要处以高达数万元的罚款？

问题主要不在于错误执法

面对上述种种不合理现象，许多人的第一反应是：是不是执法过程中出现了问题？比如是不是因为违法处罚，才导致了上述超出大众认知情形的出现？

事实上，尽管不排除在某些同类案件中存在违法行政、机械执法的情形，但从媒体曝光的情况看，多数案件中执法机关的执法行为看来并无明显的问题。

比如，在因售卖风油精、创可贴等药品而受到查处的案件中，市场监管机关予以立案是有着明确法律依据的：相关店铺未取得药品经营许可证而经营药品，按照《药品管理法》的相关规定，应受处罚。至于受到何种处罚，《药品管理法》第一百一十五条规定："未取得药品生产许可证、药品经营许可证或者医疗机构制剂许可证生产、销售药品的，责令关闭，没收违法生产、销售的药品和违法所得，并处违法生产、销售的药品（包括已售出和未售出的药品，下同）货值金额十五倍以上三十倍以下的罚款；货值金额不足十万元的，按十万元计算。"据此，这些未经许可而售卖风油精、创可贴等药品的店铺可能遭受责令关闭、并处 15 万元以上罚款等处罚。

再如，一度被热烈讨论的食品安全领域"小过重罚"现象中，类似案件无疑超出了人们通常的认知，但至少在部分案件中，行政机关的执法行为并无明显违法之处。因为行政机关执法需要严格依法进行，不当罚者不可罚，当罚者则必须罚。如果依法必须进行处罚而又没有法定的减轻情节，即应严格按法律规定的处罚幅度进行处罚。此时，特定案件中出现不符合人们认知的处罚结果，我们就不能怪罪于行政执法机关。相反，在法律有规定的情形下，行政机关不予处罚或者减轻处罚，反倒是违反了法律的规定。因此，一些所谓"小过重罚"案件不仅不违反法律规定，还恰恰是依法律的规定实施的。即使在被广泛报道的陕西省榆林市罗某售卖5斤芹菜被处罚6.6万元的案件中，虽然在国务院督查组督查之后，当地市场监管机关负责人公开承认存在过罚不相当，这种"不相当"也并不必然意味着市场监管机关违法，而只是意味着这种处罚超出了人们的有关"公正执法"的朴素情感，从媒体披露的信息看，也没有证据表明当地执法机关系违法行政。

当前的相关立法规定有待完善之处

既然媒体所披露的食品药品领域的不合理现象主要不是由执法不当引起的，那么，问题到底出在哪里呢？答案是：问题的根源，主要在于现行法律的某些规定存在待完善之处。

首先，食品药品领域专门立法以保证食品药品安全为基本使命，故对相关违法行为设定了严格的处罚；然而，社会生活的复杂性和多样性，使得某些情形下按此严格标准进行处罚可能导致结果超出人们预想。

比如，对于售卖有害物质含量超标食品的违法行为，除符合"不罚"条件的情形外，按照《食品安全法》第一百二十四条规定，执法机关就应没收违法所得和违法食品，并可以没收用于违法生产经营的工具、设备、原料等物品；违法生产经营的食品、食品添加剂货值金额不足 1 万元的，并处至少不低于 5 万元的罚款，情节严重的，还要吊销许可证。我们当然应该肯定，法律类似规定中的严厉处罚，是基于保证食品安全的需要。然而，在一些情形之下，违法者即使有违法行为，亦无多大的主观恶意，对其动辄施加数万元的罚款，不免就违背了人们对"过罚相当"的认知。

而在受到关注的无证"拍黄瓜"遭受"疯狂索赔"现象中，其最终原因也与现行法律的规定密切相关。《食品安全法》规定了实行食品许可制度，而《食品经营许可和备案管理办法》又进一步规定，申请食品经营许可，应当按照食品经营主体业态和经营项目分类提出；在餐饮服务中，许可则分为热食类食品制售、冷食类食品制售、生食类食品制售、半成品制售、自制饮品制售等类别。按此，餐饮店要经营"拍黄瓜"等冷菜，也需要获得专门的"冷食类食品制售"许可。可见，若非相关立法规定"拍黄瓜"等冷食类食品制售需要专门许可，而是允许餐饮企业皆可"拍黄瓜"，就不会出现对餐饮店出售"拍黄瓜"进行职业索赔的现象。在这个意义上，"疯狂索赔"的问题之核心并不在于"拍黄瓜"，也不在于职业索赔，而在于餐饮店无专门许可出售"拍黄瓜"是违法的。若此现象可谓疯狂，那么其疯在索赔，但源于可索赔。

其次，目前有关违法行为的从轻或者减轻处罚的规定也有可完善之处。现行《行政处罚法》规定了不予处罚和免予处罚的情形，包括人们常称的"轻微不罚""首违不罚""无过错不罚"等。应该说，与2021年修订前相比，现行《行政处罚法》在这方面有着显著的进步。但是，在一些情形之下，特别是在已经引起人们关注的诸多"小过重罚"等类型的案件中，当事人并不具备前述"不罚"的条件。此时，是否可减轻处罚就成了是会否出现"小过重罚"现象的关键。对此，《行政处罚法》于第三十二条中就减轻处罚的情形进行了规定，包括：（一）主动消除或者减轻违法行为危害后果的；（二）受他人胁迫或者诱骗实施违法行为的；（三）主动供述行政机关尚未掌握的违法行为的；（四）配合行政机关查处违法行为有立功表现的；（五）法律、法规、规章规定其他应当从轻或者减轻行政处罚的。其中，除了前四项明确列举的规定以外，只有在其他法律、法规、规章有明确规定的情形之时，才可予以减轻或从轻处罚。然而，社会生活的复杂性与多样性决定了"智者千虑，终有一失"：某些时候，违法行为并不符合《行政处罚法》减轻处罚的明确规定，从《行政处罚法》本身中无法找到减轻处罚的依据，此时，人们只能寄希望于具体领域的"法律、法规、规章规定"，但在食品药品领域中，恰恰法律、法规、规章都没有减轻处罚的规定。于是，"小过重罚"现象也就几乎"自然而然"出现了，相应地，执法机关的进退失据也就无可避免：罚，违背人们有关过罚相当的基本理念；不罚，则违背法律的规定；欲减轻处罚，又找不到法律的依据。

有时，一些行政机关会尝试作出努力，避免出现类似"小过重罚"的尴尬处境，但这样的努力同样可能左右为难：尽管这样的尝试符合人们有关公正处罚的普遍认识，但其法律依据却是存疑的。比如，2024 年 2 月 21 日，国家药品监督管理局印发了《药品监督管理行政处罚裁量适用规则》，这一规范性文件第十一条规定了当事人可以从轻或者减轻行政处罚情形。但其中诸如"积极配合药品监督管理部门调查并主动提供证据材料的"可从轻减轻处罚的规定，并无明确的上位法依据。

完善立法，方可能从根本上消除食品药品执法领域的不合理现象

前面的分析表明，食品药品管理领域出现的一系列不合理现象，其背后有着现行法律规定的原因。无疑，食品药品管理是特殊的行政管理领域，也有必要加强管理，加大对违法行为的惩处。但问题在于，若一味强调惩处力度，而对社会生活复杂性和多样性关注不够，则难以避免地会导致不合理现象的出现。因此，为从根源上消除食品药品领域类似"小过重罚""疯狂索赔""卖风油精被查处"等现象的出现，需要正本清源，完善立法。

首先，专门领域立法需要考虑社会生活的复杂性和多样性，进行更为精细的规定，尽量避免"一刀切"的情况。比如，对于销售危害物质超标食品的行为，尽管原则上应予严厉处罚，但也要考虑到类似于菜农或商贩销售了数斤蔬菜的轻微违法行为如何处罚，避免类似于因微小过错而被罚款5万元以上的不合常理情形的出现。

在药品与医疗器械管理领域，尽管严格管理极为必要，但在一些"风油精"之类常见、常用的乙类非处方药或口罩之类常见物品的零售管理方面，是不是有必要实行许可也同样值得商榷。例如，口罩可分为医用口罩与非医用口罩等不同类别，鉴于口罩作为口罩其本身不会直接给人们带来伤害，当非医用口罩不需要许可即可销售时，对医用口罩的零售实行许可制度，是不是真的有必要？会不会反而使得一些本来拟使用医用口罩的消费者转向购买和使用标准更低的非医用口罩？是不是通过生产和批发的许可即可保证医用口罩的安全？行政许可的设定本身是利益权衡的结果，应秉持"能不设定即不设定"的理念，在药品和医疗器械管理领域，也可考虑作更精细的规定，对特定药品或医疗器械放松乃至取消零售许可。

其次，在行政执法特别是行政处罚的一般立法方面，法律也应该尽可能地考虑到现实生活的复杂性、多样性与理性的局限，尽量给执法者留下有限度但必要的裁量余地。比如，就减轻处罚而言，按现行《行政处罚法》的规定，除了《行政处罚法》明确列举的情形之外，执法欲减轻处罚，必须有相关专门领域的法律、法规或规章的具体规定，在食品安全等领域，由于专门的立法对此没有规定，故执法者也就失去了"减轻"裁量的空间，一旦需要处罚，就可能出现"小过重罚"的情形。为此，《行政处罚法》第三十二条有关从轻或者减轻处罚情形的兜底条款，是否可将目前"法律、法规、规章规定其他应当从轻或者减轻行政处罚的"这一封闭式规定修改为开放式规定，即"其他应当从轻或者减轻行政处罚的"，从而给执法留下必要的裁量空间？

最后，就行政立法而言，在罚款处罚方面，国务院已经予以高度重视，专门下发了《关于进一步规范和监督罚款设定与实施的指导意见》，对行政法规、规章中罚款的设定与实施作出全面系统规范。这一意见对于减少和避免罚款的不合理现象有着重要的意义。然而，这一意见仅仅是针对罚款设定与实施的，在其他与不合理现象密切相关的层面，仍然有必要进行完善。

例如，在行政许可领域，国家市场监管总局修订出台了《食品经营许可审查通则》，针对"拍黄瓜""泡茶"等简单制售食品安全风险较低食品的，明确可以在保障食品安全的前提下适当简化设施设备、专门区域等审查内容。这一新文件当然反映了国家市场监管总局适当放松监管的取向，值得肯定。但该文件也仅针对行政许可设施等有限条件的放松，而未涉及诸如"拍黄瓜"之类是否需要专门许可等重要问题。鉴于食品许可分类是餐饮店未经许可出售"拍黄瓜"违法的法律基础，法律和行政法规是否可对食品许可进行更加精细的规定，包括对行政主体的许可设定权和具体规定权进行更具体的规定？对食品分类许可，若确有必要，可否由法律或行政法规对其类别进行具体规定？诸如冷食类食品制售许可类别，能不能只针对以冷食类食品制售为专门或主要业务的餐饮企业，从而将餐饮店制售"拍黄瓜"排除在外，避免因无证"拍黄瓜"而被高额罚款乃至被疯狂索赔现象的出现？

说一千道一万，食品药品领域的一些为人们所诧异、所质疑的不合理现象，其之所以存在，与现行立法的规定是密不可分的，甚至可能立法就是其最根本、最主要的原因。也因此，需要完善立法、织密法网，权衡利弊、宽严相济，进行更精细的规定，尽量不作"一刀切"，以正本清源，避免或减少这类不合理现象的出现。

三、"小过重罚"现象的实践逻辑
与制度出路

  2023 年 6 月，福建闽侯老农陈先生售卖案值 136.5 元的 70 斤不合格芹菜被罚 5 万元后法院裁定不予强制执行的新闻，引起了各界的关注。

  该案并非第一起因售卖小量不合格农产品而被处以数万元高额罚款的"小过重罚"案件，事实上，类似案件可谓是时有耳闻，社会舆论对此也多有关注。所不同的是，在其他被披露的案件中，当事人因被处罚而受关注，行政处罚最后是否被执行等情况并不明确；而本案中，当事人被处罚之后，法院对强制执行的申请作出了不予执行的裁定。就此而言，本案当事人是"幸运"的，并没有因轻微的违法行为而招致巨额的财产损失。但并不是所有的人都这样"幸运"，在现实中发生的类似案件，有些可能并未进入司法程序，有些进入司法程序之后也被裁定强制执行。也正因此，此次事件中人们在继续对"小过重罚"现象提出质疑的同时，对法院维护正义的努力进行了肯定。

的确，此事件中法院的行为契合了人们有关公正的一般观念，让人们觉得正义没有缺席。然而，此种个案中的公正，并不足以解决不时出现的"小过重罚"问题。如何消除这种被人们普遍认为有失公正的现象，还需要从制度层面进行分析，从立法层面作出努力。

行政机关作出处罚决定的逻辑

2019 年 9 月 11 日，当事人陈先生经过某菜地时，觉得芹菜不错，经人推荐，便买下 70 斤，在菜市场转售于批发商行，获利 14 元。后该批芹菜中的 7.5 斤被批发给某便民超市，隔日，当地市场监管局在日常监督执法中，抽检了该批芹菜，发现毒死蜱项目不符合 GB 2763—2016《食品安全国家标准　食品中农药最大残留限量》要求，该批次芹菜检验结论为不合格。2021 年 2 月 8 日，陈先生因涉嫌销售不合格芹菜被市场监管局依法立案调查。在案件调查过程中，陈先生进行了配合，并检举他人的无照经营行为。市场监管局经听证程序后，认可陈先生具有立功表现，但仍于 2022 年 4 月 22 日作出《行政处罚决定书》，对其给予警告、没收违法所得 14 元、处以罚款 5 万元的行政处罚。

根据案情，本案中行政处罚的直接依据应该是《食品安全法》第一百二十四条第一项，即当事人实施了"生产经营致病性微生物，农药残留、兽药残留、生物毒素、重金属等污染物质以及其他危害人体健康的物质含量超过食品安全标准限量的食品、食品添加剂"的行为，因而在被没收违法所得的同时，被并处 5 万元以上 10 万元以下罚款。——根据该条规定，市场监管局作出 5 万元罚款处罚已经是在法定罚款幅度内按最低标准进行处罚，属于从轻处罚。

陈先生在收到《行政处罚决定书》后，没有在法定期限内申请行政复议，也没提起诉讼。市场监管局于 2022 年 12 月 19 日依法对其进行催告，要求缴纳罚款 5 万元及加处罚款 5 万元共计 10 万元，但陈先生仍未履行，市场监管局遂于 2023 年 2 月 14 日，向法院申请强制执行。

法院裁定不予强制执行的理由

法院在收到行政机关申请强制执行的申请之后，对相关行政处罚行为进行了审查，最后作出了不予强制执行的裁定。其理由是：本案中就当事人的行为主观恶性、社会危害性、违法情节而言，其并非职业菜贩，系首次违法，案涉不合格芹菜货值 136.5 元，获利仅 14 元，金额显属较小，其本人并不知晓销售芹菜不合格，且案发后陈先生能够配合调查，如实说明不合格芹菜来源，积极举报他人无照经营，具有立功行为，因此，根据《行政处罚法》第五条、第三十二条、第三十三条的规定，应当依法予以减轻或不予处罚，市场监管局作出"处以罚款5万元"的行政处罚决定,处罚畸重。而在行政程序方面,本案行政处罚的时限也已超过法定办案期限。

质言之,法院裁定不予强制执行的实体理由是,行政机关作出本案行政处罚决定时,不仅要依据《食品安全法》,还同时要遵守《行政处罚法》,而本案行政处罚决定恰恰违反了《行政处罚法》有关减轻处罚或不予处罚的规定。首先,《行政处罚法》第五条规定:"设定和实施行政处罚必须以事实为依据,与违法行为的事实、性质、情节以及社会危害程度相当",故本案行政处罚的作出不但应该是合法的,还应该是适当的。其次,《行政处罚法》第三十二条规定了应当从轻或者减轻行政处罚的情形,法院认为当事人具有其中第四项"配合行政机关查处违法行为有立功表现的"行为,应该予以从轻或减轻处罚的,但本案行政处罚决定只进行了"从轻"而未予"减轻"。最后,《行政处罚法》第三十三条规定,违法行为轻微并及时改正,没有造成危害后果的,不予行政处罚;初次违法且危害后果轻微并及时改正的,可以不予行政处罚。本案中当事人主观恶性较轻、社会危害性较小、违法情节轻微,且是首次违法。综合考虑上述因素,法院认为该行政处罚不应予以强制执行。

不过,公开的信息中并没有明确,法院认为该行政处罚决定到底违反了哪一法律条文,也没有明确陈先生的违法行为究竟是属于应当依法予以减轻的情形还是属于应当不予处罚的情形，甚至没有明确法院是根据 2021 年修订之后的《行政处罚法》还是根据修订前的《行政处罚法》进行审查。鉴于公开信息提及了《行政处罚法》第五条，而新《行政处罚法》第五条系有关公正处罚原则的规定，故该案大概率系根据新《行政处罚法》进行审查。另外，公开的案情中没有显示当事人有改正的行为，也没有明确其行为无危害后果，恐难以适用《行政处罚法》第三十三条认定行政行为违法，故应是认定该处罚决定不符合第三十二条的规定，应当减轻处罚而未减轻处罚。也或许，法院只认定行政处罚畸重，而根本未尝试对具体情形进行明确。

"小过重罚"现象的根源

本案中法院的做法让人们看到了维护个案公正的希望：司法可以作为一道屏障，维护被损害的公正。但问题是，如本案这样，由法院裁定不予强制执行的只是个别情况，更多被披露的类似案件中，当事人被处罚后，即便经历了救济程序，也往往直接执行或被强制执行。而根据当前法律的规定，这些案件如此处理本身并不违法；相反，想要如本案当事人陈先生那样不被强制执行，可能性并不大。因为本案不被强制执行，主要原因在于当事人具有《行政处罚法》第三十二条第四项规定的立功行为，而在大部分"小过重罚"案件中，类似的"卖芹菜"行为都难以具备《行政处罚法》第三十三条和第三十二条所规定的不予处罚和减轻处罚的情形。

为对此进行进一步的分析，我们可以设定一种常见的案情：一位菜农在菜市场销售小量不合格蔬菜，当发现蔬菜存在问题时，执法机关难以找到购买者或购买者已食用了该超标蔬菜。

在对上述违法行为进行处罚的法律适用过程中，现行《行政处罚法》第三十三条所规定的不予处罚分为"轻微不罚"和"首违不罚"两种情况。其中，"轻微不罚"的前提是"没有危害后果"，但何谓"没有危害后果"往往难以认定，甚至一定程度的危害后果是客观存在的；而"首违不罚"所要求的及时改正，当事人往往无法做到甚至无从改正。也就是说，欲适用第三十三条的规定以不予处罚，通常是难以实现的。在第三十二条所列举的五类可以减轻处罚的情形中，第一类"主动消除或者减轻违法行为危害后果的"情形所涉及的危害后果往往无从消除或减轻；第二类"受他人胁迫或者诱骗实施违法行为的"情形通常并不存在；第三类"主动供述行政机关尚未掌握的违法行为的"情形中，一般菜农也不会实施其他违法情形，更无从供述；第四类"配合行政机关查处违法行为有立功表现的"情形通常也不会出现，更何况如何认定立功表现本身也存在较大弹性。至于该条第五项所列举的"法律、法规、规章规定其他应当从轻或者减轻行政处罚的"情形，前提是需要有其他法律、法规、规章的规定，而当前有关食品安全的法律规范中，为保证食品安全，几乎未见有规定其他应当从轻或者减轻行政处罚的情形。

换言之，在多数情形下，菜农只要实施了售卖小量不合格蔬菜的行为且被发现，就很少有机会被不予处罚或减轻处罚，而只能接受高达 5 万元以上的行政罚款。而对行政机关来说，作出此种处罚也并不违反当前法律的规定。不只如此，若行政机关对此种情形不予处罚或予以减轻处罚，反倒可能违反法律的规定，有未严格执法之嫌。考虑到万一在类似领域中出现较严重案件后可能带来的事后追责，一般行政机关及其工作人员面临此类法律有着明确规定的违法情形时，通常都会作出在一般人看来违背常理的、不公正的处罚决定，就合乎逻辑了。并且，这种"小过重罚"的情形不只是在售卖不合格农产品的案件中有存在，在其他食品领域也多有存在，甚至在其他行政处罚领域也时有所见。

消除"小过重罚"现象需要从立法层面入手

通过上述分析，我们可以发现，近年来，颠覆人们认知、违背人们常识的"小过重罚"案件之所以经常出现，其根本原因主要不在于行政机关的执法过程出现了问题，而在于立法出现了问题。更具体地说，一方面，《行政处罚法》于2021年修订后，将有关从轻或减轻处罚情形中的"其他依法从轻或者减轻行政处罚的"修改为"法律、法规、规章规定其他应当从轻或者减轻行政处罚的"，这使得在专门领域的法律、法规、规章没有就此作特别规定时，作为执法者的行政机关即使有意进行从轻或减轻处罚，也找不到法律依据；另一方面，现实中特定领域的法律规范，往往没有对"应当从轻或者减轻行政处罚的情形"作出专门规定，而在如食品领域这样事关公众切身利益的领域中，立法者为维护公共利益，往往倾向于对违法行为进行严厉的制裁，以罚款为例，法律、法规、规章规定的罚款幅度动辄数万元起步，如《食品安全法》中规定的罚款，多数时候都是5万元起步。如此一来，"小过重罚"便成了几乎无可避免的常见现象。

为了维护公共利益和公民合法权益，对违法行为进行制裁是应该的，特别是在事关人们生命健康的领域，对违法行为进行严厉制裁也是必要的。但过罚相当是人们有关公正的基本理念，若对那些在多数人看来都属于微小过错的行为施加重大的惩罚，那么自然会受到公众的普遍质疑。也正因此，《行政处罚法》第五条才规定，"设定和实施行政处罚必须以事实为依据，与违法行为的事实、性质、情节以及社会危害程度相当"。为真正贯彻这一原则，使行政处罚符合一般公众有关公正的最朴素情感，就需要对相关法律进行修改。具体而言，现行《行政处罚法》第三十二条中"法律、法规、规章规定其他应当从轻或者减轻行政处罚的"可以考虑修改为"其他应当从轻或者减轻行政处罚的"，这样就可在整个行政处罚领域为执法者留下根据具体情形进行裁量的必要空间。同时，相关具体领域的法律规范，即便需要对违法行为予以严厉制裁，也要考虑到现实生活的多样性，规定某些应当从轻或者减轻行政处罚的情形，从而为避免或减少"小过重罚"现象留下余地。

在立法得以完善的前提下，行政执法机关再结合多样化现实生活中的具体案情，在处理个案时慎加裁量，不时挑战人们基本公正理念的"小过重罚"现象方可能有效减少。

另外值得注意的是，近年坊间出现一种说法，称新冠疫情暴发以来各地经济发展受阻，对财政收入影响颇巨，而"小过重罚"现象多出现于疫情之后，故此种罚款多为创收之目的。相信这只是传言，财政无论有多困难，都不可以罚款去填补，依法行政和法治政府建设更不可因经济压力而受限。

（注：继"拍黄瓜"系列案件之后，近年来又有多起类似的"小过重罚"案件曝出，如陕西榆林商贩卖 5 斤不合格芹菜被罚 6.6 万元案、广西梧州小店销售 1 瓶过期红酒获利

28 元被罚 5 万元案等等,其中个别案件还受到了国务院办公厅督查组、最高人民检察院等机关的重视并予以干预和纠正。这些案件都有一个共同特征,即违法行为人因轻微的过错行为而遭受了超出一般公众认知的高额罚款,而多数案件中的行政处罚机关则认为其执法行为于法有据。由此,这一被称为"小过重罚"的现象受到了社会各界的广泛关注。)

四、促进对小微市场主体的"过罚相当"需以完善立法为基础

2022 年 8 月，陕西榆林一家个体户因售卖 5 斤不合格芹菜被市场监管机关罚款 6.6 万元的案件受到了广泛关注。据报道，当事人于 2021 年 10 月购进 7 斤芹菜，售出 5 斤，另 2 斤被市场监管机关提取进行抽样检查。约一个月后，当事人接到检验报告，称该批芹菜检验不合格，要求提供进货票据。由于票据丢失，不能说明货源，市场监管机关遂决定没收其违法所得 20 元，并处罚款 6.6 万元。

该案并非孤立案件。据报道，国务院督查组接到群众上述案件的反映后，对此展开调查走访。经过调查，当地市场监管机关承认"确实过罚不当"。督查组查阅榆林市市场监管局 2021 年以来食品类行政处罚台账发现，在针对小微市场主体的 50 多起处罚中，罚款超过 5 万元的就有 21 起，而他们的案值只有几十元或几百元。

相关案件公开后，一时间舆情汹涌。除存在程序等方面

的疑问外，舆论的焦点在于：对一些情节轻微、案值微小的违法行为，动辄处以高达数万元的罚款，违背了"过罚相当"的原则。

公众的批评当然有其合理性，本案也无法排除执法者为创收而执法的可能。但通观本案及类似案件，为什么此类"小过错、高罚款"案件能成为一种现象，其中的一个重要原因在于当前行政处罚相关立法的不完善。即便行政机关按现行法律规定的最低幅度进行处罚，也难以符合公众对"过罚相当"的认知。

行政处罚首先要依据特定领域专门立法的规定。本案涉及的系对经营不符合食品安全标准违法行为的处罚，其直接法律依据应是《食品安全法》第一百二十四条。依据该条规定，相关情形之下案值不足 1 万元的，可并处 5 万元以上 10 万元以下罚款。同时，该法第一百三十六条还规定了免予处罚的情形。本案中，当事人的行为无疑是违反法律的，也不属于免予处罚的情形，并且，《食品安全法》也无对该类行为予以从轻或减轻处罚的规定。也即，单纯从《食品安全法》的规定看，本案处罚的幅度并不违法。

行政处罚的实施，还应符合《行政处罚法》的规定。该法第五条明确，"设定和实施行政处罚必须以事实为依据，与违法行为的事实、性质、情节以及社会危害程度相当"。从实施行政处罚角度，这一规定中的"罚"，所指应是专门立法所规定的处罚，以及法定的从轻、减轻或不予处罚情形。

有关从轻或者减轻处罚，《行政处罚法》第三十二条规定了五项情形，包括：（一）主动消除或者减轻违法行为危害后果的；（二）受他人胁迫或者诱骗实施违法行为的；（三）主动供述行政机关尚未掌握的违法行为的；（四）配合行政机关查处违法行为有立功表现的；（五）法律、法规、规章规定其他应当从轻或者减轻行政处罚的。本案中，当事人没有前四项之情形；而欲依据第五项予以减轻或者从轻处罚，则需要有其他法律、法规、规章的规定，但本案所涉及的食品安全领域，相关法律、法规和规章并无明确规定。也即，本案不存在按照《行政处罚法》可予从轻或者减轻处罚的情形。

有关不予处罚，《行政处罚法》第三十三条进行了规定。本案当事人的行为可能属于其中"初次违法且危害后果轻微并及时改正"情形，但由于公开资料并未明确此点，且公众关注焦点也在于过罚相当与否或说"罚得是不是太多"，因此对不予处罚的情形此处不再讨论。

通过上述分析可知，尽管过罚相当是行政处罚的基本要求，更是人们有关公正的一般认知，但在类似本案的处罚中，按照现行法律，执法机关往往缺少必要的裁量空间。尽管本案罚款 6.6 万元被认为"过罚不当"，但如果不在《食品安全法》规定的幅度内进行处罚，则存在一个"要么不予处罚，要么高额罚款"的两难处境：前者可能涉及执法懈怠，后者执法结果背离社会公众一般认知。当此情形，让执法者如何自处？

由此可见，执法面临困境乃至受千夫所指，很多时候不只是，甚至主要不是执法本身的问题，而更是一个立法问题。专门立法在设定行政处罚时固然需要关注本领域的特殊性，如强调食品安全的极端重要性，但也应该秉持"过罚相当"理念，而不宜忽视社会生活的多样性，一味规定高起点、无余地的处罚幅度。《行政处罚法》也宜为执法者从轻或减轻处罚留下更充裕的空间，乃至恢复修订之前"其他依法从轻或者减轻行政处罚的"规定，而不是严格限定于"法律、法规、规章规定其他应当从轻或者减轻行政处罚的"情形。如果从专门立法到《行政处罚法》都为过罚相当理念的实践留下更适当的空间，那么，执法中就可能更少出现背离公众一般认知的"过罚不当"情形。——当然，这只是可能性而已，立法的规定再完善，会否出现过罚不当的情形，仍与执法密切相关。

五、轻微违法"免罚慎罚"制度 应予落实和推广

据《北京日报》等媒体报道，2022年，北京市出台了《关于全面推广轻微违法免罚和初次违法慎罚制度的指导意见》，在全市行政执法机关全面推行轻微违法免罚和初次违法慎罚，目前全市行政执法机关已基本完成不予行政处罚清单的编制和公布工作，"免罚慎罚"制度取得明显成效。据统计，在城建环保、经济调控、民生社会、专项管理和综合执法等多个领域，2022年市级行政执法机关办理不予行政处罚案件25819件，免除罚款约1.25亿元。

2021年修订的《行政处罚法》，规定了三类不予行政处罚的违法行为，包括：违法行为轻微并及时改正，没有造成危害后果的，不予行政处罚；初次违法且危害后果轻微并及时改正的，可以不予行政处罚；当事人有证据足以证明没有主观过错的，不予行政处罚。这一规定，反映了《行政处罚法》宽严相济、刚柔兼具的处罚原则。

行政处罚是维护良好行政管理秩序，进而保证社会有序运转和公民权利得到有效保护的重要手段。尽管如此，行政处罚并不是越严厉越好。因为现实生活中的行政违法行为类型多种多样、情节有轻有重、社会危害各不相同，对于不同的违法行为，需要施加不同的行政处罚，而对于其中的某一些违法行为，在符合特定条件的情形下，可以不予处罚，如此才可真正体现行政执法宽严相济、刚柔兼具的取向。否则，若对所有行政违法行为都不分青红皂白而一律施以处罚，则不免过于严苛，缺少了行政执法应有的人情味，甚至会使得执法乃至法律无法获得人们的认同。特别是，在某些领域（如道路交通领域），长期参与者几乎无法做到完全不违法，而在另外一些领域（如市场监管领域），按照当前单行法律的严格规定，极为轻微的违法行为也可能遭受高达数万元罚款的行政处罚，这些领域中的一些严厉处罚个案一度引发了舆论较为广泛的质疑，对执法的权威也形成了负面影响。而"不予处罚"制度则恰可在这些情形之下，将行政处罚既有力度又有温度的执法态度体现出来。

但前述"不予处罚"规定的法律条文内容具有较高的抽象性，比如，何谓轻微违法、何谓及时改正、危害后果如何确定，都需要行政机关实践中通过行使裁量权加以认定。也因此，要将这一规定落到实处，还需要相关国家机关通过制定下位法或规范性文件，细化、健全和完善相关制度。

　　北京市全面推广轻微违法免罚和初次违法慎罚制度，各部门基本完成了不予处罚清单的编制和公布，明确了不予处罚的标准和程序，并建立了不予处罚的配套制度，正是落实《行政处罚法》有关"不予处罚"规定的体现。对于行政执法机关而言，该制度为其行使行政裁量权提供基准，明确了程序，避免了执法中可能出现的无所适从或尺度不一。对于行政相对人而言，该制度使其在符合特定条件时可以免受不必要的行政处罚，更好地维护自己的合法权益，在感受行政执法力度的同时也体会行政执法的温度。甚至可以说，在制度完备的前提下，一次"不予处罚"的过程，其法治教育的价值，远甚于一次单纯的行政处罚。在这个意义上，北京推广"免罚慎罚"做法很好地反映了《行政处罚法》既要保障和监督行政机关有效实施行政管理，维护公共利益和社会秩序，又要保护公民、法人或者其他组织的合法权益的立法目的。

　　不过，从现有资料看，北京市相关制度的一些具体内容，仍然有探讨的余地。例如，目前推行的制度被称为"轻微违法免罚和初次违法慎罚制度"，为何前者为"免罚"，后者为"慎罚"？一字之差，是否体现了对待两类违法行为基本态度的不同？尽管法律规定中，对后者规定是"可以不予处罚"，直接赋予行政机关以裁量权，但对前者何谓"轻微违法"的认定，是不是实际上也是一种裁量？对两者之间的差异，应当如何拿捏？再如，法律所规定的"及时改正"，在相关的文件中，有的限于主动改正，有的包括行政机关责令之后的改正。为何有这种区别？应否存在这种区别？而所谓"初次违法"是一定时间内的"初次"，还是没有时间限制的"初次"？诸如此类问题，都有进一步予以明确的余地。

无论如何，制度总是在不断运行的过程中逐步完善的。尽管存在值得探讨的地方，北京市在落实"不予处罚"制度方面所做的努力，其重大意义是毋庸置疑的，也值得在其他地区全面推广。

六、标价 1598 元的羽绒服成本只有 75 元，衣念公司应该被罚吗？

2022 年 2 月份，衣念（上海）时装贸易有限公司因标价 1598 元的羽绒服生产成本只有 75 元，被北京市西城区市场监督管理局罚款 14382 元的新闻受到了舆论的关注，并一度冲上热搜，各界总体上是一边倒地对被处罚者进行谴责。

的确，从一般公众的视角，一个曾是"9 亿少女的梦"的服装品牌，其产品标价与生产成本之比高达 20 倍，确实让人难以接受。但从法律的视角，这个案件中衣念公司是否应该被处罚和谴责、其生产成本与标价行为的关系，乃至舆论关注的焦点与案件本质的脱节等等，仍然存在值得探讨的地方。

衣念的违法行为及被行政处罚的理由

根据媒体披露的截图，北京市西城区市场监督管理局查明的衣念公司违法行为是：于 2021 年 7 月 2 日，委托丹东翔腾服装有限公司为其生产上述产品共计 80 件，生产成本 75

元/件。产品明示的执行标准为 GB/T 14272—2011《羽绒服装》、GB 18401—2010C 类《国家纺织产品基本安全技术规范》。2021 年 9 月 20 日，当事人将其中 7 件用于在北京汉光百货有限责任公司（汉光百货）的专柜销售，另将其中 2 件用于在北京君太太平洋百货有限公司（君太百货）的专柜销售，标价 1598 元/件。至 2021 年 11 月 3 日，共售出 2 件（其中 1 件为抽检售出），未追回。销售额共 2237.2 元（以标价 7 折的价格售出）。扣除生产成本和商场扣缴的费用共计 742.86 元，缴纳税金 171.89 元，当事人获利 1322.45 元。上述产品的货值金额共 14382 元。

2022 年 2 月 10 日，衣念（上海）时装贸易有限公司发布的致歉声明，进一步明确了导致其被处罚的违法行为，即 ELAND 品牌商品中的一个款式配料成分不符合产品上注明采用的产品标准。

北京市西城区市场监督管理局认为，上述行为属于《产品质量法》第三十九条规定的违法情形（《产品质量法》第三十九条规定：销售者销售产品，不得掺杂、掺假，不得以假充真、以次充好，不得以不合格产品冒充合格产品），故依据《产品质量法》第五十条（《产品质量法》第五十条规定：在产品中掺杂、掺假，以假充真，以次充好，或者以不合格产品冒充合格产品的，责令停止生产、销售，没收违法生产、销售的产品，并处违法生产、销售产品货值金额 50%

以上 3 倍以下的罚款；有违法所得的，并处没收违法所得；情节严重的，吊销营业执照；构成犯罪的，依法追究刑事责任），责令当事人改正上述违法行为，并决定处以罚款 14382元；没收违法所得 1322.45 元；没收非法财物。

若仅仅因标价 1598 元的羽绒服生产成本只有 75 元，衣念应该被行政处罚吗？

舆论对衣念公司被行政处罚一案的关注，焦点在于其标价 1598 元的羽绒服，生产成本只有 75 元。毫无疑问，这悬殊的数据对比，触动了人们敏感的神经，一定程度上甚至激起了消费者对"暴利"的愤怒情绪。但若仅仅涉及低成本高售价问题，行政机关是不能对衣念公司进行处罚的。

现行法律并没有规定对此种所谓"暴利"行为进行处罚。本案中，行政机关所适用的法律条文是《产品质量法》第三十九条与第五十条，上述两个条文中的任何一条，都不是对产品成本与销售价格关系的规定，都不包括对所谓"暴利"行为的处罚。不仅如此，《产品质量法》其他条文以及其他相关法律中都没有条文对单纯的生产成本与销售价格关系进行规定，都没有规定对低成本高售价行为实施惩罚。换言之，如果仅仅是将低成本生产的产品以较高的价格售出，无论这个数据比是多么出乎人们的意料、多么难以为人们所接受，其本身都并非违法行为，都不应该因此受到行政处罚。

现实生活中，许多人们熟悉的商品其生产成本与销售价格相比，都是极为低廉的，但并未因此本身而遭受处罚。比如，根据某著名白酒厂家的年报，其每瓶白酒的生产成本不足百元，市场终端售价却一度高达 3000 元以上，若看单纯的生产成本与销售价格比，该白酒企业的"暴利"程度远超本案中的衣念公司，但却在市场上一瓶难求，人们也没有对此进行法律上的责难，更未闻有关部门因此对其进行处罚。

退一步讲，即便"暴利"行为本身是应该受到谴责和惩罚的，判断一类产品是否存在"暴利"，也不应只看其生产成本，而应看其综合成本。对于某一些产品而言，生产成本或许只占综合成本的一小部分。就如我们在本案中所看到的，衣念公司已售出两件羽绒服共计 150 元的生产成本只是其成本的一小部分，在生产成本之外，即便按着行政处罚机关的认定，其成本还包括商场费用 592.86 元，缴纳税金 171.89 元，除此之外，还要加上广告营销成本等等。这样看来，仅仅以生产成本只占售价的极小一部分来认定该产品是"暴利"也是依据不足的，更不要说对此本身进行行政处罚。

本案行政处罚决定存在问题吗？

本案的公开信息，主要来自北京市西城区市场监督管理局有关行政处罚公示的截图，以及衣念公司所作出的声明。

但无论是相关媒体，还是行政机关的官方网站，都未披露完整的行政处罚决定书。

按照截图所显示的信息，衣念公司的违法行为仅仅在于低价委托生产了羽绒服，标明了执行的特定标准和技术规范，并高价进行了销售。行政机关则适用《产品质量法》第三十九条和第五十条的规定，认定其行为违法并进行了处罚。若上述信息系行政处罚决定书完整的信息，那么，该行政处罚决定书确实存在法律上的问题。

比如，在公示的信息中，行政处罚机关认定被处罚人违反了《产品质量法》第三十九条的规定，有"掺杂、掺假，不得以假充真、以次充好，不得以不合格产品冒充合格产品"的行为。结合衣念公司的声明，公众可以了解，该公司被处罚的真正原因是其涉案产品配料成分不符合产品上注明采用的产品标准。就一个行政处罚决定而言，无论被处罚的违法行为的完整内容是什么，行政处罚决定书都应该明确违法行为的具体内容，而不能仅仅简单提及该违法行为违反了哪个法律条文。就本案而言，既然衣念公司有《产品质量法》第三十九条所规定的违法行为，则应进一步认定，其违法行为到底是属于"掺杂、掺假"，还是"以假充真""以次充好"，或者"以不合格产品冒充合格产品"，等等。但在目前披露的信息中，行政处罚机关在事实认定部分，却未对此进行明确，而仅仅是列举被处罚人存在以较低成本委托生产产品后以较高价格售出。

所幸，结合衣念公司的声明，我们可以推断，本案中行政处罚决定书的内容不像公示信息所显示的那样，没有提及涉案产品配料成分不符合产品上注明采用的产品标准这一本质性问题。但这样一来，问题就转移到了公示的信息上来。

行政处罚决定的公开，法律依据是《行政处罚法》第四十八条，该条第一款规定，"具有一定社会影响的行政处罚决定应当依法公开"。按此，行政处罚机关公开具有一定社会影响的行政处罚决定，在内容上应该包括行政处罚决定的主要内容，让公众了解被处罚者实施的违法行为、受到处罚的依据和内容等。而本案中，行政处罚机关所公开的信息，没有对被处罚者违法行为的内容作出完整的展示。这种不完整的公开，与《行政处罚法》第四十八条第一款的要求是不符的。一定程度上，这也是导致公众误认为衣念公司低成本高售价是被处罚的直接原因。

为什么本案受到公众的高度关注？

在本案中，衣念公司被处罚的数额总计不足 3 万元，对于一家背靠衣恋集团这种跨国大企业的公司而言，区区数万元本身不是一个大数目。即使不考虑当事人跨国公司的背景，在全国范围内，被罚没数额高于 3 万元的案件也比比皆是，但为何偏偏本案会引起社会各界的关注？

最直接的原因，当然是前述行政处罚决定公开信息的不完整。若该公开信息明确衣念公司被处罚的根本原因在于其产品配料成分不符合产品上注明采用的产品标准，构成"以次充好"，人们便不至于误认为"低成本高售价"是其被处罚原因，也不至于将关注点聚焦于此。

在上述直接原因的背后，是公众对暴利的反感甚至愤怒。人们接受一种产品，往往有一种心理假设，即所购买产品的价格中含有商家的利润，但即便这样，售价与生产成本之间都是成比例的，一旦直观的生产成本与售价之比超出了预期，在心理上便难以接受。而当这种成本与售价的比例达到一定程度时，人们便会产生"暴利"的感觉，进而，对暴利的反感和愤怒也就模糊了问题的本质，而将关注点聚焦于"低成本高售价"。

同样重要的原因还在于，现实中，暴利的产品往往是与人们的日常消费相距较远的产品比如奢侈品，再加上这些产品往往以"贵"为特质，因此它们的"暴利"也较少受到一般公众的关注。而衣念号称"9亿少女的梦"，其定位更贴近大众，在人们的想象中，这样的品牌不应该也不会存在暴利问题，因此，一旦事实表明，其销售价格与生产成本比高达20倍时，人们内心深处平时被有意无意隐藏的敏感神经便受到触动，对案件的关注也偏离案件本身"在产品中掺杂、掺假，以假充真，以次充好，或者以不合格产品冒充合格产品"的核心。

一定意义上，人们对本案的关注聚焦于所谓暴利问题，还受到新闻传播的特质影响。基于中立和公正的要求，新闻不能曲解法律或引起公众对法律的误解。但事实上，媒体都希望自己的报道引起社会的关注，因此倾向于用一些吸引眼球的标题，这本无可厚非。只是，个别媒体在新闻事件中采用耸动视听的新闻标题背后，即便不存在对法律的曲解，客观上也易导致社会公众对法律的误解。就本案而言，无论衣念公司受到的行政处罚本身是否存在问题，此事因"低成本高售价"而受到公众的关注，都偏离了问题的本质。

我们不能要求作为消费者的一般社会公众真正看到案件的本质所在，也不能要求所有媒体从业者都像法律专业者一样，只关注案件中的法律问题。但媒体和专业人士，却有责任聚集于问题的本质，至少不造成对社会公众的误导，无论是法律方面的，还是其他方面的。

七、常年用"擦边"内容做广告，
椰树集团的法律是非与市场逻辑

　　据信用中国网站 2024 年 5 月 6 日公示的行政处罚信息，椰树集团在自设网站发布的宣传图文中，出现了使用国家机关工作人员进行商业营销的情形，并使用"用椰汁擦乳""南太平洋美女很少'飞机场'"等广告语。

　　接到国家市场监管总局的相关转办函后，海口市市场监督管理局龙华分局经调查认定，上述行为违反了《广告法》第九条第二项、第七项和第十七条的规定。因此，依据《广告法》第五十七条第一项的规定，对椰树集团处以罚款 40 万元。

　　此事经媒体报道后，椰树集团于 5 月 9 日发布声明，声称对被罚款 40 万元存在"一担心""两不服"。其中，所谓"担心"是担心名牌被毁，砸掉"椰树"及上下游企业近 2 万员工饭碗，让 50 万椰农的椰子卖不出去而脱富返贫。所谓"两不服"，一是认为在官网上转载"用椰汁擦乳""南太平洋美女很少'飞机场'"是科普教育，不是商业广告；二是认为在官网上登载包括被特定国家领导人两次肯定的"历史"是厂史教育，不是商业广告。

客观而言，从目前媒体披露的行政处罚决定书内容看，该案行政处罚决定的确有待商榷之处。比如，行政处罚决定书确认，椰树集团存在违反《广告法》第十七条的行为：作为饮料产品的广告，却涉及疾病治疗功能，使用了医疗用语或易使推销的商品与药品、医疗器械相混淆的用语。按照《广告法》第五十八条的规定，具有上述违法行为的，至少要处以10万元以上20万元以下的处罚。但是，根据公开披露的信息，市场监管机关并没有针对椰树集团违反《广告法》第十七条的行为进行处罚，也没有解释未按此进行处罚的原因。

然而，即便这样，椰树集团的"不服"和"担心"也是站不住脚的。

就椰树集团的"不服"而言，两个理由都着眼于自身行为并非商业广告，而是"科普教育"或"厂史教育"。换言之，椰树集团并未否认相关行为具有"土味情话"、打"擦边球"的性质，而只是强调自身行为不是商业广告，因此不能依据《广告法》进行处罚。

那么，前述行为到底是不是广告行为呢？根据《广告法》第二条的规定，所谓商业广告是指"商品经营者或者服务提供者通过一定媒介和形式直接或者间接地介绍自己所推销的商品或者服务活动"。据此,商业广告并不要求广告主直接地推销商品或服务,间接介绍自己的商品或服务也同样构成商业广告。

毋庸置疑,椰树集团刊载"用椰汁擦乳""南太平洋美女很少'飞机场'"等内容,无非是为了通过上述内容,让消费者相信可以用椰汁擦乳、椰汁具有丰胸作用,从而购买其产品。在这个意义上来说,椰树集团的行为,恰是典型的以介绍和推销产品为目的的商业广告行为。

至于声称"用椰汁擦乳""南太平洋美女很少'飞机场'"是否违反公序良俗的问题。目前并不存在何谓"公序良俗"的明确规定,鉴于现实生活的丰富性和语言的局限性,何谓"公序良俗"恰恰需要执法机关在执法过程中进行认定。

基于椰树集团长期以来的广告风格,案涉广告无疑是力图通过建立案涉商品与女性胸部大小的关联来吸引受众的眼球。在一般公众的认知中,此种行为通常都会被认为不符合良好的社会风尚。特别需要指出的是,椰树集团长期以来的广告,往往以女性胸部为吸睛之法,甚至语带双关地声称"从小喝到大"。

这种拿性别特征说事或性暗示的做法,隐含着女性胸部更大就应更受欢迎的价值判断,明显是对女性的不尊重,是在对象化女性，特别是包含着对被其称为"飞机场"的平胸女性的歧视。因此，认定该广告的内容违背"社会良好风尚"，并无疑问。

但值得注意的是，实践中对这种"擦边"行为的处罚应尽量审慎。其原因在于，"公序良俗"和"社会良好风尚"属于内涵并不明确的概念，对于公权力而言，模糊性条款很容易就会导致执法权的滥用，这也与法治的明确性要求不相符合。

针对是否存在"使用或者变相使用国家机关、国家机关工作人员的名义或者形象"的行为，椰树集团刊载的相关文章，明确出现了特定国家机关工作人员的姓名，属于公开使用了其名义。椰树集团的"不服"，对此本身也并无异议，只是强调这属于"厂史教育"而非商业广告。因此，在明确该行为系商业广告的基础上，将其认定为属于《广告法》第九条第二项所规定的行为，同样成立。至于"使用或者变相使用国家机关、国家机关工作人员的名义或者形象"的行为是否应受到处罚，则是一个立法问题，可以另予讨论。

至于椰树集团所谓的"担心"，则在法律上完全无法成立，甚至与行政处罚完全没有关系。作为一家具有相当知名度的企业，如果真正担心品牌被毁、担心2万员工就业、担心50万椰农生计，就应该按照法律的规定，严格依法进行经营，提升自己的品牌形象和商品美誉度，而不是凭借土味情话风格的广告来吸引眼球。征诸椰树集团的广告史，这种担心纯属通过打"苦情牌"博取公众的同情，吸引公众的关注。

更有甚者，基于对椰树集团广告"违法史"的考察，整个"土味广告—遭受处罚—缴纳罚款—发布声明"的过程，极可能是经过了精心设计、早有剧本的预设行为：先是发布特立独行的广告来引发关注，进而被行政处罚后再引发进一步关注，然后发布声明引发持续的关注。若非如此，就很难解释椰树集团的做法：为什么在受到处罚之后，不是积极寻求法律救济，而是发布一个与法律救济并无直接关系的声明；更无法解释的是，为什么隔几年就会因类似行为被处罚一次，继而重新引发舆论的类似关注。

这种"擦边"博眼球的行为，并不见得是受到赞誉的，但从流量的视角看，它是极为成功的，是符合市场逻辑的。社会对其"回应"的关注，恰好也在椰树自身设置的剧本之中。

椰树集团是一家具有相当知名度的企业，也为地方经济做出了相应的贡献，产品本身也在一定范围内受到了消费者的欢迎。这样的一家企业，本应着眼于做好产品，提升形象，吸引消费者，而不是靠剑走偏锋、打"擦边球"来吸引大众的关注。唯有如此，椰树集团所"担心"的，才真正不需要担心。

对于执法机关来说，既然认定椰树集团的行为是违法的，鉴于椰树集团长期以来开展同类风格的广告活动，就应该加强常态化监管，及时制止这样的违法行为出现，而不应该等到上级机关发来转办函之后才予处罚。否则，作为所在地的监管机关，无法摆脱疏于监管的嫌疑，甚至可能被网友们质疑是否在客观上起到了配合违法者按剧本演出的作用。

八、闯入球场拥抱梅西的球迷：
青春当挥洒，但不可脱序

  2023 年 6 月 15 日晚，北京工人体育场举行了阿根廷队对阵澳大利亚队的国际足球邀请赛。据说比赛现场气氛高涨，5 万余观众到场观看了比赛，著名球星梅西不仅打满了全场，且开场仅 81 秒，就远射破门。不过，比球赛本身更引人注目的，是比赛进行到第 61 分钟时，一名年轻球迷闯入场内，拥抱球星梅西后，在一众安保人员围堵下全场狂奔，还与多位球星击掌，导致比赛中断 1 分多钟，最后主动倒地，被安保人员抬出球场。

  大牌球星参加的比赛，本是球迷的狂欢，但此次追风少年的出现，不仅全场观众沸腾，还一时几近全网刷屏。并且，大部分评论竟然都是在肯定当事人的勇敢和激情，即使认为其行为不应提倡的人也不否认此点。我在朋友圈发了一个法律视角的简单评论，朋友们留言的焦点也全不在法律问题，而是诸如"不冲动枉少年""少年不轻狂，犹锦衣夜行"

"野蛮体魄，自由精神""青春万岁，我也想去"之类的赞美之词。

根据事后披露的消息，涉事球迷被抬出球场后，安保人员对其进行了批评教育，随即让其离开，后又回到看台。而一条据信是当事人所发的朋友圈显示，当晚所为，系经过事先策划，目的为与球星合影；为此还提前进行了体能训练，每天跑 5 个 1000 米；并且约了朋友也冲进去打掩护，只不过所约之人"临阵退缩"，未采取行动。而最新的消息则显示，当事人为邸某某（男，18 岁），朝阳公安分局已依法对其实施行政拘留。

此次事件很具追风少年的特质。当事人的举动，让人们在对当前青少年循规蹈矩的刻板印象之外，看到了年轻人的激情与冲动。甚至人们在其身上看到了另一个自我：他恰恰是代替自己做了想做而不敢做的事。也因此，从球赛现场到网络空间，人们对其行为多持宽容和欢呼态度，而少有从法律视角进行评论者。

的确，青少年时期是一个特殊的年龄段，这个年龄段的人有着比通常成年人更多的激情，其行为也缺少严格的自我约束。一个人若年轻时即没有冲动，那么往往一辈子都难有激情。从一个社会来说，若年轻人普遍没了激情和冲动，那么这个社会就只剩下老成了，这不是一个好现象。然而，我们的社会毕竟不是任由激情驱动的，而是以规则为基础的。

因此，对当事人的行为，即使肯定其激情与勇敢，也仍有必要从法律的角度进行评价。更具体地说，有必要明确该当事人的行为是否应当受到处罚及应当受到什么样的处罚。

那么，当事人的行为应当受到处罚吗？按照《治安管理处罚法》第二条的规定，扰乱公共秩序，妨害社会管理，具有社会危害性，尚不够刑事处罚的，由公安机关给予治安管理处罚。同时，根据《治安管理处罚法》第二十四条规定，对实施扰乱大型群众性活动秩序行为的，应实施治安拘留。本案中，当事人的行为，正是第二十四条第一款第一项所规定的"强行进入场内"的行为，扰乱了公共秩序，具有社会危害性，且应不够刑事处罚，故属于应给予治安管理处罚的情形。

既然应受处罚，那么应当受到什么样的处罚呢？根据《行政处罚法》第五条第二款规定，实施行政处罚必须以事实为依据，与违法行为的事实、性质、情节以及社会危害程度相当。而根据《治安管理处罚法》第二十四条规定，强行进入场内，扰乱文化、体育等大型群众性活动秩序的，处警告或者200元以下罚款；情节严重的，处5日以上10日以下拘留，可以并处500元以下罚款；因扰乱体育比赛秩序被处以拘留处罚的，可以同时责令其12个月内不得进入体育场馆观看同类比赛。本案中，当事人强闯足球比赛场地的行为，需要从其行为的事实、性质、情节和社会危害程度等方面确定。

在事实层面，本案事实是清晰的，当事人作出了违反法律规定强行进入大型体育赛事场内的行为；在性质层面，违法行为的性质本身与一般公众的认识相关，本案中，当事人的行为尽管扰乱了赛事，但从各界反应看，似乎更多的是给人们带来了快乐，从这个意义上，其性质似乎谈不上严重，更谈不上恶劣；在情节层面，当事人虽有违法行为，且在安保人员阻止时在全场奔跑，但最后主动躺倒，安保人员将其抬出时未予抗拒，似乎也谈不上太过严重；在社会危害程度层面，当事人的行为虽然没有导致直接的人员伤亡或财产损失，但使得比赛中断 1 分多钟，危害后果是客观存在的，至于严重与否以及严重到何种程度，还需要公安机关结合社会影响、不良示范作用等各方面因素详加评估论证。

最新消息显示当事人 18 岁，通常理解，此表述当指其已年满 18 岁，但结合之前的信息，仍有未过 18 岁生日之可能。若未满 18 周岁，则属未成年人，根据《行政处罚法》第三十条规定，对其应当从轻或者减轻行政处罚。同时，因该案中当事人的行为客观上存在危害后果且无从改正，故不存在《行政处罚法》第三十三条所规定的"轻微不罚"或"首违不罚"的情形，不能据此不予处罚。

需要注意的是，类似的情形如何处罚并非没有先例，根据媒体报道，2006 年 3 月 11 日，重庆力帆与辽足的比赛中，一名 50 岁的球迷因擅自跳进球场而被处以拘留 10 天并处罚款 500 元的处罚，同时禁止在一年内进入体育场馆观看同类比赛。当然，该案与本案也有不同之处，如本案发生后网络舆情多呈欢呼声等。

综合考虑上述因素，本案当事人的行为，应当予以行政处罚；其被处罚的具体内容，可以是警告，或 200 元以下罚款，或 5 日以上 10 日以下行政拘留，或在拘留的同时并处 500 元以下罚款。最新消息仅显示公安机关对其处以行政拘留处罚，同时责令其 12 个月内不得进入体育场馆观看同类比赛，但并未明确行政拘留的具体时间。鉴于社会舆论对该事件呈现的宽容氛围，公安机关极有可能未对其予以顶格处罚；不过，考虑到该行为潜在的不良示范作用，即使是顶格处罚也可以接受。

当然，本案不只是涉及对当事人如何处罚的问题，还涉及其他方面值得反思的问题。比如，大型体育赛事的安保是否应该更为严密、有效，尽量避免此类强闯事件的发生，一旦发生也可及时予以制止。再如，明明当事人的行为违反了社会的规则乃至法律的明确规定，为什么社会舆论却较少谴责而更多宽容乃至欢呼？

人人心中都潜藏有一把激情之火，通常成年人应可良好自我控制，可对处于某个年纪的人来说，这把火随时可能熊熊燃烧。冲动、宣泄、压抑、引导等等，都是与这团火密切相关的词汇。批评与惩罚是必要的，宽容与欢呼也有其原因，可仅仅有这些是不够的，这团火需要有宣泄的渠道。人们指责或欢呼之时，有无想过这个社会是否应确立一种合理的机制或氛围，让年轻人可更好地宣泄他们心中的那团火？

如此看来，青春这团火以及其如何燃烧，不只是规则与惩罚的事，更是引导和宣泄的事；不只是个人之事，更是社会之事。

（注：2023 年 6 月 15 日，在北京工人体育场举办的阿根廷队对战澳大利亚队的足球比赛中，一球迷翻下看台冲进球场拥抱阿根廷球星梅西，最终被工作人员带离。据后续的警方通报等信息，当事人为邸某某，男，18 岁，北京某学校学生，北京朝阳警方于 6 月 16 日依法对其处以行政拘留处罚 5 天，同时责令其 12 个月内不得进入体育场馆观看同类比赛。）

第二章

槟榔的故事：立法抉择与利益权衡

- 九、槟榔禁限：立法先行，方可有效监管

- 十、槟榔立法：基于科学的利益权衡与政策决断

- 十一、槟榔监管与立法的几个问题

九、槟榔禁限：
立法先行，方可有效监管

　　2022 年 9 月 10 日，年仅 36 岁的歌手傅松因口腔癌去世，让限制乃至禁止槟榔议题再次受到各界注目。在舆论的广泛关注下，多地行政监管机关顺应民意呼声，采取措施加强了对槟榔销售的监管。然而，由于现行法律法规对槟榔并无专门规定，这些行政监管措施一度因法律依据不足而面临合法性问题。

　　2022 年 9 月 19 日，有媒体报道，浙江省义乌市市场监管局通过微信群通知商户，称所有槟榔全部下架，不得销售。相关工作人员表示，接到上级部门通知，"浙江省内的食品经营者不得销售食品包装和标签标识的槟榔制品"，并称该通知基本是永久性的，而非短期下架。该工作人员并称，目前是先引导商户对槟榔进行下架处理，如果之后商家存在销售槟榔的行为，相关部门会进行处罚。9 月 20 日，义乌市市场监管局澄清称，他们没有接到在全市下架槟榔的通知，相关通知是要求把槟榔当作"槟榔制品"来销售，不得按照食品来销售；且要分区域售卖，不能将槟榔跟食品混在一起售卖。除了浙江之外，四川等地行政监管机关也采取了类似措施，限制和禁止槟榔的销售。

从前述报道可见，目前各地对槟榔产品的销售出现了予以禁限的趋势，但并不是全面禁止，而是有条件地进行严格限制，禁止销售"食品包装和标签标识的槟榔制品"就是其中的措施之一。这意味着，若相关槟榔制品没有食品包装和标签标识，则不在禁止销售的范围内。而相关行政监管机关对所谓"禁售"范围作出澄清的信息则表明，行政监管机关在禁止槟榔销售一事上态度是谨慎的，也反映出他们应该已经注意到了禁止销售槟榔的法律依据问题。

行政监管机关既然有意加强对槟榔产品的限制，为什么不直截了当地禁止槟榔的销售乃至生产，而是从包装、标识、销售方式等方面进行限制呢？甚至在采取限制性措施的时候也显得遮遮掩掩、欲说还休呢？

事实上，行政监管机关的谨慎是有其特定原因的，那就是：当前全面禁止或严格限制槟榔产品还缺少必要的法律依据。至今为止，国家层面并无专门的法律、法规或规章对槟榔产品予以规定；地方层面，除极个别地方（如厦门市）外，也没有地方性法规或地方政府规章对此进行专门的规定。而根据依法行政的要求，行政机关的行政行为要有法律上的依据，即便是行政规章，其在没有法律、法规的依据时，也"不得设定减损公民、法人和其他组织权利或者增加其义务的规范"，由行政监管机关通过内部通知或其他规范性文件的方式禁止槟榔产品的销售，对行政监管机关而言，更是一种法律上无法承受之重。一定程度上，正是这种缺少专门立法的现状导致了行政监管机关实施监管时欲拒还迎、投鼠忌器，无法对槟榔产品进行有力的规范和限制，更不要说全面禁止。

槟榔含有槟榔碱、麻黄素等物质，食用后使人兴奋，长期食用容易产生依赖性，易成瘾。早在 2003 年，世界卫生组织已将槟榔列入 I 类致癌物清单；2017 年，国家食品药品监督管理总局公布的致癌物清单中，槟榔果和槟榔嚼块均被列入一级致癌物。相关的科学研究更进一步表明，槟榔产品是导致口腔癌的直接因素，在嗜食槟榔的地区，口腔癌发病率远高于其他地区。相关数据显示，在作为槟榔生产、消费大省的湖南，口腔癌的患病率是全国平均水平的 20 倍以上，早在 2017 年就被列入湖南男性癌症死亡前 10 位。

对于这样一种公认对公众健康有害的产品，即便囿于现实难以全面禁止其生产经营，通过专门立法对其进行规范和限制，也是势在必行。事实上，世界上已经有许多国家对槟榔产品进行了限制乃至禁止，比如，在土耳其、新加坡、阿联酋、加拿大等国家，槟榔都是被视为毒品予以禁止的。当前我国社会经济发展已经进入了新的时代，党的十九大提出，要"坚持预防为主，深入开展爱国卫生运动，倡导健康文明生活方式，预防控制重大疾病"，在这种大背景之下，相关国家机关应该适时作出决策，对槟榔进行专门立法。

而有关立法的层级，基于槟榔产品具有流通性，且槟榔作为一个产值数百亿的产业，涉及众多的生产企业、就业人口，甚至涉及个别地方的经济发展，因此由地方主导立法恐难以达到有效限制乃至禁止槟榔生产、消费的目标，故宜由国家层面制定法律或行政法规对此进行专门规定。有了法律和行政法规作为依据，相关行政监管机关方可对槟榔产品的生产与销售进行明确、有效的监管，该限则限、该禁则禁，以有效防止槟榔产品对公众健康产生危害。

（注：以歌手傅松因口腔癌去世为触发点，有关槟榔的议题再次受到各界注目。舆论场上最主流的声音在于，要对槟榔进行限制乃至禁止。在舆论的广泛关注下，多地行政机关采取措施加强了对槟榔销售的监管，这些措施又引发了舆论的进一步关注。此后，相关利益方如槟榔业者及其组织也入场参与博弈。由此，一场针对槟榔禁限与否及如何规范的公开讨论热热闹闹地展开。此场讨论目前看又是无疾而终，但从社会发展的角度，这种公开讨论仍然是有意义的。所谓真理越辩越明，相对于无数争论的客观存在，在公开的讨论之下，事物的是非曲直将会趋向更加明了。）

十、槟榔立法：

基于科学的利益权衡与政策决断

歌手傅松因口腔癌去世后，人们开始关注到有众多的公众人物因口腔癌而逝去，且逝者中的许多人都具有嚼食槟榔的习惯。这唤起了人们对导致这一疾病的重要"嫌疑对象"槟榔的警惕，其中一种越来越高的呼声是，对槟榔进行立法，规范、限制乃至禁止槟榔的生产、经营和食用。

槟榔立法与监管现状

如果将立法界定为制定法律、法规或规章，那么，到目前为止，中央层面尚无有关槟榔的专门立法。在地方层面，可查询到的唯一立法是厦门市于 1996 年制定的地方政府规章《厦门市禁止生产、销售和食用槟榔规定》。该规章规定，违反本规定生产、销售槟榔的，处以 1000 元以上 10000 元以下罚款；违反本规定食用槟榔的，处以 100 元以上 1000 元以下罚款。值得注意的是，厦门市上述规章的第一条规定，

"为保障人民身体健康，维护市容市貌整洁卫生，创造良好的生产、生活和投资环境，制定本规定"，由此看，其立法目的似乎主要不在于防范槟榔所带来的健康危害。

除厦门已有立法之外，海南、湖南等地目前也在尝试推动槟榔专门立法。但从公开资料看，这些地方的立法努力主要着眼于推动槟榔产业的发展，而非将槟榔作为一种对人体健康存在危害的物品而进行规范和限制。比如，在湖南，省市场监管局对人大代表《关于湖南槟榔产业突破瓶颈健康发展的建议》作出的答复显示，其将加强与省司法厅、省人大的工作衔接，争取通过地方立法确定槟榔"地方特色产品"的定位。而据《海南日报》2020年10月报道，面对槟榔加工企业面临生产许可证到期的问题，海南省农业农村厅相关负责人透露，2020年起，海南省已计划将槟榔作为地方特色产品进行立法保护，希望通过地方立法来解决槟榔的"身份证"问题。

缺少专门立法不等于没有任何监管。在很长一段时间内，槟榔都被视为食品而进行相应监管，槟榔生产企业领取的都是食品生产许可证。但2020年，国家市场监管总局修订的《食品生产许可分类目录》，未将"食用槟榔"收录在内，这意味着槟榔不再作为食品来管理，也不能颁发食品生产许可。自2021年起，湖南省市场监管部门不再办理省内所有槟榔企业的食品生产许可延期申请。2021年9月17日，国家广播电视总局办公厅发布通知，要求自即日起停止利用广播电视和网络视听节目宣传推销槟榔及其制品。而在此前的2021年3月份，广州全市媒体、户外广告已停止发布槟榔广告。

然而，由于缺少有关槟榔的专门立法，特别是没有法律、法规层面的立法，相关行政监管措施的合法性存在讨论的空间。甚至地方政府规章关于禁止生产、销售和食用槟榔的规定，其是否符合《立法法》第八十二条关于"没有法律、行政法规、地方性法规的依据，地方政府规章不得设定减损公民、法人和其他组织权利或者增加其义务的规范"的规定，也是值得探讨的。

槟榔立法是一个基于科学的问题

不可否认，槟榔果实是我国的传统药材，槟榔种仁是我国四大南药（槟榔、砂仁、益智、巴戟）之一；2015年版《中国药典》收载的槟榔相关饮片及成方制剂多达60余种。

药用功效只是槟榔的一个方面，科学研究证明，槟榔含有槟榔碱、麻黄素等物质，食用后使人兴奋，长期食用容易产生依赖性，易成瘾。不仅如此，资料还显示，长期嚼食槟榔，容易致口腔黏膜发生纤维性病变，有导致口腔癌风险。早在2003年，世界卫生组织已将槟榔列入Ⅰ类致癌物清单；2017年，国家食品药品监督管理总局公布的致癌物清单中，槟榔果和槟榔嚼块均被列入一级致癌物；2019 年，国家卫健委发布的《健康口腔行动方案（2019—2025 年)》中，将咀嚼槟榔与吸烟并列为两大口腔疾病高危行为。而在 2021 年 1 月一项公开发表的研究中，中国疾病预防控制中心专家发现，嚼槟榔已成为中国的口腔癌患者持续增加的主要原因。

除了可能导致口腔癌之外，食用槟榔还可能给人体带来其他损害。如有关毒性研究结果表明，食用槟榔对口腔黏膜细胞、人颊部上皮细胞、免疫细胞、生殖功能均可造成损害。

槟榔对健康的影响有多大，归根到底是一个科学问题，需要通过科学的方法予以解决。但即便是槟榔产业的相关利益方，也没有对槟榔具有危害性这一事实提出根本性的质疑，需要进一步明确的只是，其到底有哪些危害及存在多大程度的危害。

在科学的意义上，槟榔与香烟极为相似：都存在对人体健康的危害，都容易使人产生依赖性。若说两者带来的危害有什么不同，那可能在于，相较于香烟产生的"二手烟"会危害不吸烟者，槟榔不会直接危害食用者之外的人。

认识到槟榔与香烟一样对人们的健康存在危害，那么也等于从科学角度承认，如对香烟进行专门立法一样，对槟榔也有进行专门立法的必要性。

槟榔立法是一个利益权衡的过程

既然某一物品对人体有明确的危害，那么为何不立法加以限制乃至禁止？

人类社会的多样性与复杂性决定了，一项事物的存在与发展，往往是利弊兼具，牵涉到多方利益，是否立法加以规范、如何进行规范是一个利益权衡的问题，槟榔这一事物亦是如此。因此，对槟榔加以立法规范，必须考虑到多方不同的利益。

据《中国市场监管报》数据，2011 年至 2018 年，中国槟榔产业产值从 558 亿元上涨至 781 亿元，且呈继续上涨趋势。槟榔产业不仅本身规模巨大，还涉及诸多方面的利益。1. 槟榔对一些地方的经济具有重要的意义。在槟榔的主要加工消费区湖南，槟榔已成为一些地方的支柱产业。如 2017 年出台的《湘潭县人民政府关于支持槟榔产业发展的意见》提出，力争槟榔产业销售收入 3 年实现 300 亿元，5 年实现 500 亿元的目标。2. 槟榔行业已经形成数量庞大的企业群，它们有继续生存与发展的需要。企查查数据显示，截至 2021 年 8 月，我国现存槟榔相关企业共 2.6 万家，其中 2019 年新增 1522 家，2020 年新增 2861 家。而据媒体报道，个别槟榔企业年产值已经超过百亿元。3. 直接或间接从事槟榔行业的人员数量众多。2020 年 10 月，《海南日报》提及的一组数据显示，截至 2019 年底，海南省槟榔种植面积达 178 万亩，是海南 230 万农民的重要经济收入来源，占全省农业人口的 41.37%。在这个意义上，槟榔行业甚至也是一个与民生问题密切相关的行业。

但槟榔行业的存在，也并不是对所有各方都是有利的。除了前述对人们的健康存在危害之外，在经济层面，槟榔同样存在间接的，甚至可能是超乎收益的成本。2017 年刊登于《中国牙科研究杂志》的论文《预测槟榔在中国诱发口腔癌人数及产生的医疗负担》提及，到 2030 年，湖南与槟榔相关的口腔癌患者将累计超过 30 万，在全国则可能超过 100 万，造成的医疗负担可能超过 2000 亿元人民币，大大抵消槟榔产业带来的经济效益。

正是因为牵涉到众多的利益相关方、关系到不同的利益，槟榔的生产、经营和食用是否要推动立法以及如何立法，并不是一个纯粹的科学问题，甚至也不是一个单纯的法律问题，而是一个利益权衡问题，需要兼顾、平衡各方面的利益。

槟榔立法需要政策决断

食用槟榔对人体有害，此点已经成为共识。但是，槟榔最直接的"受害者"恰恰是槟榔的消费者，如多数"烟民"不会主张禁烟一样，这些受害者中的多数人，也不会主张禁止槟榔的生产，甚至会反对针对槟榔行业进行严格的限制。在这种情形下，就出现了一个稍显诡异的现象：槟榔的受益者和最直接的受害者，从其切身需要出发，都不会大力主张对行业的严格限制；真正呼吁从规范与限制的角度对槟榔进行立法的，是那些看上去与槟榔无直接关联的医疗界、学界、传媒界等方面的人士。

上述局面，使得槟榔的危害尽管客观存在，但槟榔立法却失去了最直接、最有力的推动力量，甚至一定程度上也成为该领域至今没有专门立法的原因所在。然而，立法保护对象缺少利益表达的动机和机制的时候，恰恰是立法决策者发挥其决断力、作出立法决策的时候。在我国的立法体制与现实之下，更需要决策者站在一个超然、宏观的立场，正视槟榔对整个社会经济和公众健康的利弊影响，权衡其间所牵涉的不同利益，适时作出立法决策。

有关槟榔立法的方向，存在两种可能：一是全面禁止日常生产、经营与食用，二是允许存在但加以规范和限制。基于当前槟榔行业现状，后者无疑是更可行的，即一方面认可其存在的客观性与必要性，有条件允许其发展；另一方面，也要认识到食用槟榔存在的危害，从生产、经营等方面对无序扩张的槟榔行业进行规范与限制。

至于立法的具体内容，则可由决策者、立法者和相关地方政府、槟榔业者、消费者等利益方，在尊重科学、正视现状、着眼公众健康和经济民生的基础上，参考控烟立法等相关领域的立法经验，进行充分沟通交流、协商讨论，以达成必要的共识。

但无论如何，对槟榔这一特殊的可食用物品，已经到了通过立法进行规范的时候。

十一、槟榔监管与立法的几个问题

2022 年 9 月以来，"槟榔"又重新掀起了一波舆论的浪潮，浙江、四川、江西等地监管部门纷纷出手，强化对槟榔行业的监管。

早在 2003 年，槟榔就被国际癌症研究中心列为一级致癌物，其"食品"身份常年饱受争议。

槟榔究竟属于哪一类产品？相关立法该从哪些方面着手？是否有可能在产业利益链条与其对个体带来的巨大伤害性之间，取得平衡？

与此前流传的观点不同，根据蔡乐渭的研究，槟榔目前仍属"食品"序列。至于槟榔将来的定位与立法问题，他建议，宜从国家层面的立法着手，参考借鉴烟草立法的经验，在科学的基础上尽快推进，"无论如何，槟榔立法已经到了势在必行的时候"。

尚无法律、法规层面的立法/当前情形下，禁止槟榔销售，于法无据

NBD（《每日经济新闻》，英文名为 *National Business Daily*，简称"NBD"）：您最初关注槟榔的原因和契机是什么？在关注槟榔之后，对于产业方面做了哪些研究和调研？

蔡乐渭：我对槟榔的关注基于对成瘾物一向保持的敏感与关注。多年前去湖南，尝过槟榔，个人感觉不太好，诧异为什么会有这么多人喜欢它。后来查了资料，了解到这里面有长久的历史和民俗传统，更是一门产业，就业人员众多。自那时起，便一直就对这个领域感到好奇并有关注。

在查找资料的过程中，我注意到相关对槟榔危害的研究，其中包括它的致癌风险，以及湖南省内口腔癌发病率比全国平均高出许多倍的数据，等等。目前来看，尽管槟榔到底有哪些危害、有多大的危害可能还有争议，但对槟榔于人体有害这一事实，各界似无不同意见。既然如此，为什么不对其加以控制？由此就产生了进一步关注的兴趣。

至于此次再予关注的契机，主要是因某歌手的去世，媒体不但开始关注疾病本身，也开始关注槟榔这一物品与产业的发展方向问题。此前关注槟榔产业并没有现在这般集中，此次舆情起来之后，我专门查找了相关资料，也咨询了一些对此有了解的人员，内容上主要包括槟榔的危害，以及科学

上对其危害的研究进展；槟榔产业本身的发展情况，如产值规模、从业人员数量、对相关地方经济的影响；各地政府对槟榔及槟榔产业的态度；槟榔立法与监管的现状和问题；等等。

NBD：目前，槟榔方面的立法和监管情况如何？为何在明确其为一级致癌物的情况下，却一直没被明确禁止销售？

蔡乐渭：如果将立法界定为制定法律、法规或规章，那么，到目前为止，国家层面尚无有关槟榔的专门立法。在地方层面，可查询到的唯一立法是厦门市于 1996 年制定的地方政府规章《厦门市禁止生产、销售和食用槟榔规定》。该规章规定，违反本规定生产、销售槟榔的，处以 1000 元以上10000 元以下罚款；违反本规定食用槟榔的，处以 100 元以上 1000 元以下罚款。

但是，厦门市上述规章的第一条规定，"为保障人民身体健康，维护市容市貌整洁卫生，创造良好的生产、生活和投资环境，制定本规定"，其立法目的大概率不在于防范槟榔所带来的健康危害，因此该立法与我们今天讨论的槟榔立法基本无关。

除厦门已有地方立法之外，海南、湖南等地目前也在尝试推动槟榔专门立法。但从公开资料看，这些地方的立法努力主要着眼于推动槟榔产业的规范和发展，而非将槟榔作为一种对人体健康存在危害的物品而进行规范和限制。

比如，在湖南，省市场监管局对人大代表《关于湖南槟榔产业突破瓶颈健康发展的建议》作出的答复显示，其将加强与省司法厅、省人大的工作衔接，争取通过地方立法确定槟榔"地方特色产品"的定位。而据《海南日报》2020年10月报道，就槟榔加工企业面临生产许可证到期的问题，海南省农业农村厅相关负责人透露，2020年起，海南省已计划将槟榔作为地方特色产品进行立法保护，希望通过地方立法来解决槟榔的"身份证"问题。

就槟榔的监管而言，缺少专门立法不等于没有任何监管。很长一段时间内，槟榔都被视为食品而进行相应监管，槟榔生产企业领取的都是食品生产许可证。但自2021年起，湖南省市场监管部门不再办理省内所有槟榔企业的食品生产许可延期申请。2021年9月17日，国家广播电视总局办公厅发布通知，要求自即日起停止利用广播电视和网络视听节目宣传推销槟榔及其制品。而在此前的2021年3月份，广州全市媒体、户外广告已停止发布槟榔广告。

然而，由于缺少有关槟榔的专门立法，特别是没有法律、法规层面的立法，当前一些行政监管措施的合法性存在讨论的空间。甚至地方政府规章关于禁止生产、销售和食用槟榔的规定，其是否符合《立法法》第八十二条关于"没有法律、行政法规、地方性法规的依据，地方政府规章不得设定减损公民、法人和其他组织权利或者增加其义务的规范"

的规定，也是值得探讨的。至于一度传闻的某些地方全面禁止槟榔的销售，目前看来都是没有法律依据的。一定程度上，也正是因为合法性存疑，这些地方才出来辟谣说没有全面禁止销售的情况。换言之，即便是明确了槟榔是一级致癌物，按照依法行政的要求，在当前情形下由监管机关禁止槟榔的销售，也违反法律的规定，不符合依法行政的要求。

立法最大难点在于如何平衡各方不同利益

NBD：您认为影响槟榔立法的原因有哪些？

蔡乐渭：法律规范人们的行为，确定人们的权利义务。一定程度上，立法是一个利益博弈的过程，因此必须考虑到各方利益的平衡。如果槟榔立法主要内容是对槟榔的生产、经营和消费等进行限制，那么它更涉及相关方面既有利益格局的调整。

当前，槟榔立法还处在待启动阶段，其原因是多方面的，比如对槟榔的科学研究是不是充分，其功用和危害到底如何等等。但最大的难点，应该在于如何平衡各方面不同的利益。

据《中国市场监管报》数据，2011 年至 2018 年，中国槟榔产业产值从 558 亿元上涨至 781 亿元，且呈继续上涨趋势。槟榔产业不仅本身规模巨大，还涉及诸多方面的利益。比如：1. 槟榔对一些地方的经济具有重要的意义。在槟榔的主要加工消费区湖南，槟榔已成为一些地方的支柱产业。如某县2017年出台的《关于支持槟榔产业发展的意见》提出，力争槟榔产业销售收入3年实现300亿元，5年实现500亿元的目标。2. 槟榔行业已经形成数量庞大的企业群，它们有继续生存与发展的需要。公开数据显示，截至2021年8月，我国现存槟榔相关企业共2.6万家，其中2019年新增1522家，2020年新增2861家。而据媒体报道，个别槟榔企业年产值已经超过百亿元。3. 直接或间接从事槟榔行业的人员数量众多。2020年10月，《海南日报》提及的一组数据显示，截至2019年底，海南省槟榔种植面积达178万亩，是海南230万农民的重要经济收入来源，占全省农业人口的41.37%。在这个意义上，槟榔行业甚至也是一个与民生问题密切相关的行业。如果对槟榔进行禁止或限制，那么这些利益如何进行平衡，也是立法必须考虑到的。

当然，槟榔立法，并非对任何一方都是不利的，否则，就干脆不要立法了。槟榔立法的"利"，除了一般性的保护公众健康以外，在经济上也可能有其积极的意义。比如，根据2017年刊登于《中国牙科研究杂志》的《预测槟榔在中国诱发口腔癌人数及产生的医疗负担》一文，到2030年，湖南与槟榔相关的口腔癌患者将累计超过30万，在全国则可能超过100万，造成的医疗负担可能超过2000亿元人民币，大大抵消槟榔产业带来的经济效益。这样，如果对槟榔进行禁限，那么就可能降低国家和个人的医疗负担。当然，这个影响到底多大，还需要进一步的研究和数据的支持。

NBD：在当地风俗和医学认知发生较大偏离的时候，巨大的观念差异如何弥合？法律有哪些可为空间？

蔡乐渭：我们前面提到，立法是一个利益调整的过程，因此，它必须尊重科学也尊重现实，而不能无视科学或脱离实际。一般而言，风俗是立法时必须予以考虑的因素。但现代科学技术的发展，也让我们认识到，某一些风俗是不符合科学基本常识和社会基本理念的，此时，立法就有必要超越风俗甚至移风易俗。

实践中，我们有许多方面的立法都是与旧风俗不一致的，但也得到了较顺利的实施，取得了良好的效果。比如，土葬是我国大部分地区的风俗，但与当前实际需要不符合，所以通过立法，现在基本上都禁止了；再如，财产由儿子继承而不由女儿继承曾是我们的传统，但现在通过立法，男女取得了平等的继承权。

在槟榔立法方面，也要基于科学进行立法，如果有必要，则食用槟榔的风俗是可以受影响乃至被改变的。当然，立法到底如何去影响风俗是可探讨的，槟榔立法也不见得是全面禁止食用槟榔，它完全可能是如控烟一样，对食用行为加以影响和限制，间接减少槟榔的食用。

槟榔立法宜从中央层面着手，可参照烟草立法经验

NBD：一方面，科学界很早就将槟榔列为"一级致癌物"，但另一方面，整个槟榔产业链条上有着数百万的从业人员，很多人认为，若禁售槟榔就是要砸掉从业者的"饭碗"。而出于经济和税收方面的考量，地方政府也没有禁售槟榔的"动力"，甚至出现地方保护主义的倾向。您如何看待目前两难的困境？当前这种形势下又该如何破局？

蔡乐渭：当前若完全禁售槟榔，当然涉及众多人的"饭碗"问题；即便是予以限制，也会对一些人的"饭碗"产生影响。但是，一方面，槟榔立法基本上不可能全面禁止，因此，它将产生什么样的影响是可探讨的，就如烟草立法之后，烟农并不都被打碎了"饭碗"一样。另一方面，之所以要推进槟榔立法，根本原因在于槟榔用于一般性的食用对人体所具有的危害，此时，有必要进行利益权衡，到底禁限槟榔是利大还是弊大？现在看来，大部分人都认为槟榔立法是利大于弊。既然如此，那么，牺牲其他的一些利益就是可接受的甚至必要的。当然，对于具体的一些受到影响的群体，可通过一些政策性手段进行扶持、帮助乃至补贴，尽量减少立法对他们的影响。

从全国来看，目前槟榔的生产、销售和消费，主要集中

于个别省份。对于这些省份来说，槟榔产业的存在对其经济发展、财政收入、民生问题等方面都具有直接的积极意义，而槟榔的危害尽管存在但相对是间接的。从一些地方尝试推动的槟榔立法的内容看，它们也主要不在于禁限槟榔，而在于规范乃至于保护槟榔产业。因此，期待通过槟榔主要生产地、消费地的地方立法对槟榔进行禁限，是不现实的甚至不可能的。而对于其他的省份，由于槟榔的生产和消费都是相对小范围的事项，甚至只有消费而没有生产，因此由它们进行立法的现实性、有效性看来也不高。同时，槟榔作为一种在外在形态上无特别之处的商品，其本身又具有很强的流通性，有鉴于此，槟榔立法恐怕需要从国家层面的立法着手，通过制定法律或行政法规进行限制和规范。

NBD：未来，如果要推动立法，您认为可以从哪些方面着手？关注的重点应该聚焦在哪里？我们又可以采取哪些措施来推动？

蔡乐渭：一定意义上，槟榔与烟草具有高度的相似性。如果要推进槟榔立法，基本上，全面禁止是不可能的，要考虑的是如何进行限制和规范。就此，可以参考烟草立法的经验，特别是控烟立法较为成功的一些国家和地区的立法经验。比如，在生产经营方面，可以提高槟榔生产的准入门槛，实行严格的许可制度；严控槟榔的营销行为，禁止槟榔生产经营者进行任何途径和形式的广告、赞助等活动；对槟榔产品的外包装，可显著地标明食用槟榔的危害，例如一半以上面积用来刊登反映槟榔危害的各种图片等。

但是，这种生产经营的限制不是搞专营专卖，如果搞成专营专卖，可能又带来垄断问题，垄断者关注的往往是经济收益，而不会关注如何有效进行禁限。在槟榔的消费方面，是否可对食用者的年龄进行限制，是否通过征收高额税收的方式进行引导等，还需要进一步的讨论和研究，但也未尝不能作为一个考虑的方向。

另外，槟榔具有药用价值，我们所讨论的槟榔立法应该是针对作为日常食用品的槟榔的生产、经营和消费行为，与作为药材的槟榔无关，槟榔立法不影响槟榔作为药材使用。

鉴于槟榔立法本身是基于科学研究证明了槟榔对人体的危害，要有效推动槟榔立法，还要进一步加强科学研究，尽可能明确槟榔到底对人体具有哪些方面的、多大程度的影响，以及它如何产生这种影响等问题。而由于槟榔的消费与人们的认知相关，也与一些地方的习俗相关，因此，也需要媒体等相关方面在科学基础上对槟榔的影响进行广泛的宣传，加深人们对槟榔的认识，引导人们的行为。

还需要注意的是，在我们目前的立法环境之下，要推动一项立法，仅仅有舆论的关注和学界的探讨等民间的声音是不够的，特别是在槟榔食用者这一最大受害群体大概率不会支持对槟榔进行禁止与限制性立法的情形下，槟榔立法很难仅仅依靠民间的力量推动，它更需要决策者站在一个超然、宏观的立场，正视槟榔对整个社会经济和公众健康的利弊影响，权衡其间所牵涉的不同利益，适时对是否立法、立法方向等作出决策。

槟榔的"食品"定位并未改变，立法应尽快推进

NBD：国家市场监管总局在 2020 年修订的《食品生产许可分类目录》里未将"食用槟榔"收录在内。目前，槟榔生产企业的食品生产许可证很多也已到期。在采访过程中，有代理商将其与香烟类比，也有人称其为"地方特色性产品"。在您看来，如果不算食品，又应该怎样去定性槟榔这个产品？在槟榔的生产和流通环节又应该由谁来监管？

蔡乐渭：的确，国家市场监管总局在 2020 年修订的《食品生产许可分类目录》中未将"食用槟榔"收录在内。但根据现有资料，2020 年之前的《食品生产许可分类目录》也没有将槟榔收录在内。所以，尽管相关省份的行政主管部门在对人大代表建议的答复中称，2020 年版目录取消了"食用槟榔"类别，且这一说法也为媒体广泛传播，但该说法本身是值得商榷的。

事实上，现有资料表明，目前槟榔生产企业所取得的食品生产许可证类别是"其他食品"。现行《食品安全法》规

定："食品，指各种供人食用或者饮用的成品和原料以及按照传统既是食品又是中药材的物品，但是不包括以治疗为目的的物品。"按此，只要没有其他的法律进行另外的规定，在目前立法之下，槟榔作为食品的这一定位并不因为2020年版的《食品生产许可分类目录》而改变。否则，如果槟榔连食品都不属于，是否其生产、经营等就可以不必按照《食品安全法》的规范来？这是不是可能让其从现有监管体系中逸脱出去而不受监管，进而给公众健康带来更大危害？

至于目前一些地方注销了槟榔生产企业的许可证，如果这种做法系存在其他法定理由，则自然没问题。但若仅仅因为所谓2020年版目录没有收录就不予延期而予以注销，那么其合法性是值得商榷的。而有关媒体曾报道的某些地方全面禁止槟榔的销售，则因被辟谣而没有得到证实。如果这种情形真的存在，那么这种禁止行为在合法性上也是存疑的。

NBD：在和农民交流的过程中，我们了解到一棵槟榔树，根据生长条件不同，从栽种到结果需要5—8年时间，槟榔鲜果的交易价格取决于采购需求和价格波动，没有定价权。槟榔产业链中，若发生重大调整，种植户难以在短时间内找到可替代选择，您觉得在这一波舆论风波之下，产业良性转型过程中要注重哪些方面的考量？

蔡乐渭：我是从事法律工作的，对经济方面了解不多。

但就立法而言，其必须考虑到各方利益的平衡。在槟榔立法这个事项上，无论将来的立法是以限制为主要内容还是以禁止为长远目标——后者看来可能性不大，都要注意到其给各方所带来的影响，特别是对目前看来多达数百万的"槟农"的生计带来的影响。在制度设计的时候减少对他们的不利影响，或通过配套措施弥补他们因立法而受到的不利影响。需要注意的是，所谓的舆论风波对槟榔产业与从业人员的影响，不是说舆论本身在影响他们，舆论只不过是某一个契机之下，使大家集中关注某一个特别事物或特定领域而已。该事物、该领域本身存在的问题才是公众关注的根本原因所在。

无论如何，槟榔立法已经到了势在必行的时候，应该在科学的基础上尽快推进。只不过，在到底如何平衡各方利益、如何设计具体制度等方面，还需要进一步的讨论。

（注：原以专访形式载于《每日经济新闻》2022 年 10 月 1 日。文中个别观点与内容，与《槟榔立法：基于科学的利益权衡与政策决断》一文有重合之处，但为保证文章的完整性，对重合之处未予删改。）

第三章

公共服务、政府职责与公民权利

- 十二、义务教育劳动课程，这是一个涉及国家与家庭教育分工的事
- 十三、高中登记入学试点缓解中考升学焦虑了吗？
- 十四、大学校园应以向社会公众开放为常态
- 十五、就业数据造假的真正原因，是高等教育的评估考核机制
- 十六、城市公共交通可以停运吗？
- 十七、铁路客运与人民生活关系重大，票价调整并非单纯市场行为
- 十八、"私建浮桥"案件的背后，是公共服务的缺位
- 十九、反思南宁停车收费风波：定位不明则乱象难止
- 二十、任何一起公路塌方灾难，都不是纯粹的自然原因导致的
- 二十一、从风景区到"封"景区：围挡山河合法吗？
- 二十二、关于"死不起"：医院是否可以将太平间外包？
- 二十三、遏制殡葬服务机构的营利冲动

十二、义务教育劳动课程，这是一个涉及国家与家庭教育分工的事

2022 年 5 月，教育部印发了 2022 版《义务教育课程方案》和相应的《课程标准》，新的课程方案和课程标准进行了系统性设计，在课程内容结构、学业质量标准等方面都有较大变化。其中，有关劳动课程的独立设置及其标准，引起了社会广泛的关注。一些人因该课程包括人们最熟悉的烹饪任务，将之简（戏）称为"做饭炒菜课"。

劳动课程当然不只是"做饭炒菜"。根据课程方案与标准，该课程分为日常生活劳动、生产劳动、服务性劳动三大类别十个任务群。其中，日常生活劳动包括清洁与卫生、整理与收纳、烹饪与营养、家用器具使用与维护四个任务群；生产劳动包括农业生产劳动、传统工艺制作、工业生产劳动、新技术体验与应用四个任务群；服务性劳动包括现代服务业劳动、公益劳动与志愿服务两个任务群。在课时安排上，该课程平均每周不少于 1 课时，用于活动策划、技能指

导、练习实践、总结交流等。在学生评价方面，该课程注重评价内容多维、评价方法多样、评价主体多元。

必须肯定，劳动课程的设置具有重要的意义。正如《劳动课程标准》中指出的，劳动课程是实施劳动教育的重要途径，义务教育劳动课程以丰富开放的劳动项目为载体，重点是有目的、有计划地组织学生参加日常生活劳动、生产劳动和服务性劳动，让学生动手实践、出力流汗，接受锻炼、磨炼意志，培养学生正确的劳动价值观和良好的劳动品质。

但是，将劳动课设置为独立的课程，是课程方案的一个重大变化。人们在肯定劳动课的重要意义的同时，也存在着一些担忧。比如如何实施与评价、会否增加学生与家长负担、会否沦为形式主义、教学资源如何安排等等。

也难怪公众特别是家长们存在上述担心。《义务教育法》第三十五条第二款规定："学校和教师按照确定的教育教学内容和课程设置开展教育教学活动，保证达到国家规定的基本质量要求。"《义务教育课程方案》和相应的《课程标准》无论是作为规范性文件还是教育标准，都具有其强制性，学校和教师都须按要求开展相关的教育教学活动，学生都须按照学校的安排接受相关的教育。不仅如此，义务教育的特性还决定了教育不只是学校和学生的事，还需要家长的配合与参与，从而课程如何设置也是家庭的事。就劳动课程而言，其作为新设置的独立课程，它并不是增加了一门课那么简单，还涉及方方面面值得关注的问题。

例如，这门课将如何实施？作为一门内容丰富的课程，尽管《课程标准》中对实施的七个部分要求都用了"建议"这一表述，但对学校而言，无论这些"建议"具体是什么，学校都需要将课程内容与目标等落实到位。这就涉及学校应该开发哪些劳动项目，如何安排时间，学校是否具备足够的资源，如何进行客观公正的评价，等等。以一至九年级都要开展的农业生产劳动为例，学校是否具有真正懂得农业生产的教学人员？是否拥有相应的设施和场地？如果暂时不具备，它应该如何开展这项课程？如果需要外出借用场地，则如何保证课时？如果一个学年甚或更长时间才去一次实践基地，这样的"劳动"如何能达到《课程标准》设定的目标？如果基地实践成为"一日游"，那么劳动课的意义如何体现？

又如，这门课会否增加学生与家长的负担？虽然近年来社会各界都在呼吁为中小学生减负，相关部门也采取了一定的措施，但义务教育阶段的学生尤其是初中生课业负担仍然相当沉重。劳动课程成为独立课程后，即便总课时不增加，增加一门新的课程，本身就是任务的加重。并且，会否有学校在增加劳动课的同时，仍然维持原有文化课课时，从而增加了学生的负担？从家长的角度，《劳动课程标准》有 65 处提到"家庭"、38 处提到"家长"、5 处提到"家校合作"

（或协同），鉴于劳动课本身的特点，特别是课程内容中包括日常生活劳动等与家庭密切相关的内容，家长的参与是必然和必需的，但课程实施的任务会否被转嫁到家长那里，并沦为形式主义，失去其应有价值？如会否出现教师布置任务、家长负责实施、学生拍照上传的情形，使得劳动课成为走过场？

再如，既然劳动课是独立的课程，那么又如何保证不同学校、不同地区的学生能平等地接受劳动教育？诚然，教育均衡本身就是一个复杂的问题，即使在一个城市之内，不同学校之间也难以做到完全均衡，更不要说不同地区之间的差距。但劳动课又有其特殊性，教育不均衡对学生带来的影响在这一课程上可能更为突出。例如，就新技术体验与应用这一任务群而言，对课程标准所提及的三维打印技术、激光切割技术、智能控制技术等，一些偏远落后地区的学校可能根本没有机会触及，如此，这些地方的学生如何能得到与经济发达地区学生平等的受教育机会？而一旦劳动课纳入升学考试科目，这种不平等可能更为突出。

另外，按教育部的通知，新的《课程方案》和《课程标准》于2022年秋季学期即开始执行，这意味着中考也将按照新的方案与标准进行。这种改变也会带来让家长们担忧的问题：多数家庭都高度关注中考，会按当时的课程方案进行准备，这种可能贯穿了整个义务教育阶段的准备，现在随着课程方案与标准的改变，突然之间被打乱了。比如，某些家长督促孩子按照原课程方案的要求在某一门课程上花费巨大的心力，但按新课程方案的要求，该课程在中考中的权重却突然大大降低了。我们或许可以说，升学考试作为竞争性考试，只要大家保持一致就没有问题，但即便形式上对不同的考生是平等的，这种改变也影响了部分家长的预期，使得其已进行的长期安排失去了原有意义，难言公平。

不只如此，公众对劳动课程所担忧的问题，从表面上看涉及的是一门新设置的课程如何得以良好落实以保证符合其初衷问题，但若更进一步，它还涉及国家与家庭在义务教育中如何分工与协作的问题。

不可否认，现代教育体制之下，受教育既是适龄未成年人的权利，也是他们的义务，而作为义务，受教育的目标、年限、内容等都是具有强制性的，国家可对此做相应的规定，《义务教育法》相关规定正是这一强制性的体现。但是，义务教育不可能脱离家庭的配合与协作，恰恰相反，唯有国家负责的学校教育与家长负责的家庭教育相结合，才能形成完整的教育。在这个意义上，义务教育在国家和家庭之间是有相应的分工的，国家不可能包办所有的事项，而只能负责其中适合由国家负责的部分。详言之，国家能做和应该做的是，为义务教育提供与经济社会发展相称的资源，促进义务教育的均衡，确定义务教育的导向与基本内容。但无论如何，国家都不应、也不可能将义务教育阶段的所有事项都包揽下来。这不仅是技术层面的可能性问题，也是现代社会理念下每个人发展的多样性问题，更是家庭的教育权利问题：每个家庭，都有权按照自己符合社会基本价值的理念来教育自己的孩子。

具体到劳动教育，国家设置劳动课程，培养学生正确的劳动价值观和良好的劳动品质这一初衷当然是值得肯定的，但到底如何达到其预设目标，如何平衡学校和家庭之间的关系仍然是值得慎重思考的。换言之，国家在设定课程方案和标准时，在明确其基本框架之外，还应将政府和学校能力的有限性纳入考量，不宜试图从质上或量上尝试将所有事宜都包揽下来，而应该秉承谦抑、克制和宽容的理念，给家庭教育留下必要的空间，由家长行使教育权利，基于自身的不同情况，决定劳动教育的目标、内容、时间和方法等等。如此，国家与家庭恰当分工、充分协作，方能顺利、高效地开展对适龄未成年人的教育，将他们培养为具有正确"三观"、符合社会需要的人。

（注：2022 年 5 月，教育部印发了 2022 版《义务教育课程方案》和相应的《课程标准》，其中对劳动课程予以独立设置，这引起了社会广泛的关注。一些人认为，国家不应将劳动这样本应由家庭负责的事项纳入教育内容并成为独立课

十二、义务教育劳动课程，这是一个涉及国家与家庭教育分工的事

程；另外一些人则认为，独立设置劳动课程更有利于促进教育公平。由此，展开了一场有关义务教育劳动课程及国家在其中承担何种责任的讨论。)

十三、高中登记入学试点缓解
中考升学焦虑了吗?

    2022 年 3 月下旬，北京市发布了当年中考招生政策，其中提出"在东城区和西城区的部分普通高中开展登记入学试点"。随后，两区教委发布普通高中登记入学试点细则，明确 5 所高中计划登记入学 420 人。具体而言，东城区试点校为北京市第二十一中学和北京市第五十中学分校，西城区试点校为北京市第五十六中学、北京市宣武外国语实验学校和北京市西城职业学校附设普通高中班。前 4 所学校各登记入学计划为 80 人，西城职业学校附设普通高中班登记入学计划为 100 人。登记入学的门槛极低，达到初中毕业水平的学生都可以参加，但每名学生仅可报名 1 所试点校，具体录取依据为学生所在初中校提供的综合素质评价报告册。

    据相关媒体的报道，试点普通高中登记入学的背景是社会上读普通高中的观念仍然浓烈，试点登记入学，回应了社会需求,给那些中考可能考不上普通高中,但又不想读中职的学生一个机会。有观点更认为,登记入学深远影响,包括: 1. 可以减轻学生的考试负担; 2. 让初中学生综合素质评价得到了更好应用; 3. 登记入学有利于推动普通高中特色多样发展。

然而,关注中考的人,特别是中考生家长都知道,登记入学的真正背景是家长们的中考焦虑。相关部门的决策有其特定的政策考量,如推进教育评价改革、探索多元招生录取方式,但即便在这些方面可发挥作用,其在降低中考焦虑上是难以起到作用的。

所谓中考焦虑,包括两个层面:一是部分家长担心孩子上不了好高中;二是一些家长担心孩子上不了普通高中而不得不就读中职。其中第二层面的焦虑或说升学焦虑与此次登记入学改革密切相关。据相关公开数据,当前北京市普通高中入学率为70%多,而在东、西城区,这个比例约在90%。所以,真正担心孩子上不了高中的人群是中考成绩排名可能在后10%的学生家庭(考虑到成绩的波动性,这个比例至少涉及排名在后20%的学生家庭)。

一定意义上,此次改革的目标也是针对这些家庭的。但是,从西城区公布的细则可以看出来,参加登记入学的三所学校中包括五十六中和宣外实验中学,它们是2021年中考录取分数在后几位的学校。也就是,按一般的理解,可登记入学的普通高中是学生家长心中的差校。因而，会报名参加登记入学的学生，是那一部分按平时成绩评估不可能或很可能考不上普通高中的学生。尽管有名额限定，但登记入学对这部分中考生来说的确可能提供了机会。而之所以说可能，是因为报名人数一旦超过名额，则仍然是有竞争性的。

但是，中考升学焦虑的产生，根本原因在于中考是有竞争性的，而有竞争性的原因则在于高中学位总量有限、供不应求。在此情形下，当把一部分高中学位拿出来用于登记入学，则可用于中考竞争的名额也相应减少，相当于门槛线往前挪动，原来成绩处在接近90%线左右，有较大可能通过中考上普通高中的同学，现在这个可能性减少了，而原来恰好处在线上的同学，如果不报名参加登记入学，则无法获得上高中的机会。换言之，假设高中录取的总比例不变，那么，所谓的登记入学，给了成绩在原入学线以下的部分同学以机会，但却让原来可通过中考入学的部分同学失去了机会，可谓是焦虑部分发生了转移，但总量不变。

总而言之，部分普通高中登记入学本身，在评价标准的改革等方面自有其相应作用，但就缓解升学焦虑而言，它只是给了原来通过考试上高中机会不大的群体以一个带有竞争性（如果登记人数超过名额）的机会，而对整体上缓解中考升学焦虑没有意义。

　　然后，或许我们可以问：出台这样一个政策，其目的除了字面表述的"推进教育评价改革、探索多元招生录取方式"外，有无有效回应家长们的中考升学焦虑？

十四、大学校园应以
向社会公众开放为常态

新冠疫情期间，各高校如其他单位一样，对出入校园实施了严格的管控措施。疫情封控结束以后，多数高校虽然放松了管控，但对非本校师生员工的出入仍然实行较严格的控制。比如，校外人员进入校园需要提前预约并刷身份证进入，等等；个别高校甚至规定入校要经过专门的批准，未经批准则不得进入，而对于一般公众而言，这种批准是无从获取的。

高校是否向社会公众开放问题，首先是一个法律问题，涉及高校是否可限制甚至禁止社会公众进入学校。但它并不仅仅是一个法律问题，还涉及无论是否有法律规定，高校应该对开放校园抱持何种态度问题。

从法律的角度看，《高等教育法》第十一条规定："高等学校应当面向社会，依法自主办学，实行民主管理。"据此，高校具有自主办学的权利，特定学校可以自主开展包括校园管理在内的内部管理活动，可以决定是否向社会公众开放校园。在此意义上，高等学校决定实行封闭管理或对社会人士进入校园进行限制，乃是其办学自主权范围之内的事项，并不违反法律的规定。

但是，限制社会公众进入校园不违反法律规定，并不意味着这种做法就是适当的。相反，无论从当前的法律规定看，还是从高等学校的性质看，乃至从实际管理的效益看，高校学校向社会公众开放都应该是一种常态。

首先，《高等教育法》尽管规定了高校具有办学自主权，但同时更规定，高等学校"应当面向社会"，自主办学是面向社会基础上的自主办学。尽管特定高校不向社会公众开放并不等同于与社会隔绝，但至少与向社会公众开放相比，后者是一种更加开放的态度，更符合法律有关"面向社会"的要求。

其次，我国大部分高等学校都是公立高校，为社会公众所关注的知名高校，更是多属公立高校，而即便是私立高校，也在财政税收等方面享受着公共财政的补贴或优惠等政策。换言之，中国的高等学校，或多或少，都是带有一定"公"的特性。对于公立高校而言，作为公产，它承担着服务于公众的职能，原则上应该允许公众进入和参观；对于私立高校而言，由于其也带有一定的"公"的性质，它也不能完全如通常的私人财产那样进行封闭的管理。

再次，从高等学校本身的定位来看，它也应该向社会公众开放。根据《高等教育法》的规定，我国高校具有教学、科研和社会服务三大功能。基于此，高校也应该努力实现公共利益的目标，尽可能向社会提供公共服务，保持对社会公众的开放性。不仅如此，高等学校作为知识、文化和思想的创新者、引领者，这一特性本身就要求高校应该秉持开放的心态。如果连向社会公众开放校园也无法做到，那么，难以想象这样的高等学校可以成为真正进行有意义创新的主体。开放校园是开放心态的反映，有开放心态尚且不一定能创新、引领，一旦失去开放心态，则难以指望引领、创新。

最后，对社会公众实行严格的限制，尽管可给校园带来秩序和安全，但秩序和安全不应该是高校追求的全部价值，甚至不是主要价值。从管理效能的角度看，高校对社会公众进入的严格限制，反而可能带来一些严重的负面影响。例如，在一些著名高校限制入校以后，带人入校就成了一门"生意"，甚至形成了一条"产业链"，还可能夹杂着腐败现象。可见，严格的限制入校，有时可能带来高校形象的恶化、风气的败坏和腐败的滋生。

基于以上原因，高等学校若无特殊情形，原则上应该对社会公众开放。对进入校园的公众，除必要时实行与校内人员同等的安检措施外，不应该施加其他限制。

当然，对社会公众开放也不是绝对的，有些时候，当进入特定高校的人员过多，以至于影响到教学、科研活动的正常进行时，则可实行一定的限制。例如，可以以不影响教学、科研活动为标准，实施限额预约入校，约满为止；在确有必要且条件成熟时，高校也可开辟对外开放的区域，限定社会公众的参观路线。

但无论如何，对高等学校而言，校园向社会公众开放应该成为常态，对社会公众实行限制应该属于例外。

十五、就业数据造假的真正原因，
是高等教育的评估考核机制

令人瞠目的就业数据造假

据媒体 2022 年 6 月报道，近年以来，由于毕业人数增多、疫情影响和整体经济形势等原因，高校毕业生就业形势严峻复杂，面临着较大压力。为提高毕业生就业率，许多高校采取了措施，如加强与就业单位联系、开拓就业岗位、加强毕业生就业指导等等。但也有一些高校，为了获取更好看的就业数据，想出了一些"无中生有"的奇招。比如，有的高校规定，学生要提交就业协议才获发毕业证；有的甚至要求暂未签约或未落实继续升学的学生，不得参加毕业论文答辩，并减少低就业率班级的优秀毕业生名额。而为了提高学生签约量，个别高校本身也拿出了浑身解数，包括为学生提供挂名的校内科研助理工作，学生只需签就业协议，实际不用上班。

不仅如此，为了迎合高校提高就业率的需要，还出现假就业的产业链。记者调查发现，在网络购物平台淘宝，有卖家表示，只需人民币 100 元便可完成网络签约流程并收到回执盖章扫描件；只需付 200 元，卖家还承诺会应对教育部门的核查回访电话；多名毕业生证实，有少数同学迫不得已购买了代签服务。

前述现象，归根结底是某些高校通过一定的措施令学生被迫假签约、假就业，提高本校毕业生就业率，给社会造成一个毕业生就业良好的假象。从表面上看，这些数据本身并没有问题，都是依据就业协议统计出来的。但实际上，这些数据并不能反映毕业生真实的就业情况，它在本质上是一种数据造假行为。

不幸的是，这种现象在一些高校校园里早已不是秘密，更非个别的现象。很多已签约的学生只是在相关单位里挂名，并非真正的就业，而一些高校不仅不以为忌，还诱导甚至鼓励学生这样做。

就业数据造假的危害

就业数据造假，表面上看只是让高校的就业数据变得好看，没有对他人造成影响。但实际上，它对学生、对高等教育、对整个社会经济都是有害的。

《高等教育法》第五十三条第二款规定，高等学校学生的合法权益，受法律保护。这些合法权益，包括参加高校学习活动、受到公正评价、得到应有奖励等方面。至于学生依法按期毕业的权利，《高等教育法》第五十八条更是明确规定，高等学校的学生思想品德合格，在规定的修业年限内学完规定的课程，成绩合格或者修满相应的学分，准予毕业。一些高校为了漂亮的就业数据，为学生的正常毕业设置了重重障碍，减损其评优权，甚至不让其毕业，这是对学生合法权益的直接侵害。

即便是那些表面上看不直接侵害学生权益的做法，比如让学生签约为实际上不就业的科研助理，也会对高等教育的持续健康发展造成负面影响。《高等教育法》第五条规定，高等教育的任务是培养具有社会责任感、创新精神和实践能力的高级专门人才，发展科学技术文化，促进社会主义现代化建设。若高校为了获取漂亮的就业数据，迫使学生在就业协议上造假，这无疑与《高等教育法》所确定的培养学生社会责任感等要求相违背，拔高了看，甚至可以说是对高等教育精神的违背。

此外，随着高等教育的发展，我国的高等教育入学率得到了很大的提高。高校学生就业的数据，一定程度上反映了全社会新就业人口的就业情况。高校学生就业率高，意味着当年就业市场繁荣，意味着经济发展形势向好；而不同专业毕业生的就业率，也反映着行业的发展趋向。在这个意义上，高校学生就业数据对于判断整个社会经济发展形势有着重要意义，虚假的就业数据可能影响相关部门对就业形势和经济发展形势的判断，进而影响相关重大决策的正确性。

为什么就业数据造假？

就业数据造假当然是主管部门不能接受的。教育部召开过高校毕业生就业工作调度会，重申各地各高校要严格落实"四不准"要求。包括不准以任何方式强迫、诱导毕业生签订就业协议和劳动合同；不准将毕业证书、学位证书发放与毕业生签约挂钩；不准以户口和档案托管为由，劝说毕业生签订虚假就业协议；不准将毕业生顶岗实习、见习证明材料作为就业证明材料。为加强和规范高校毕业生就业统计工作，教育部已采取系列措施，并将进一步严格核查就业数据。对通过核查和举报等发现的问题，教育部将责成各省级高校毕业生就业主管部门逐一核实，并严肃追责问责。

值得关注的是，就业率是主管部门对相关高校进行考核的重要内容。早在2004年，主管部门就把就业率作为衡量高校办学水准的重要指标之一；2011年还明确规定，对就业率连续2年低于60%的专业，调减招生计划直至停招。对高校而言，主管部门的考核当然是极具重要性的，调减招生计划和停止招生更是事关一个专业乃至高校发展与存亡的大事。

为此，各高校想方设法提高就业率，当实际上的就业率无法有效提高时，部分高校就在就业率数据上想办法。换句话说，在很大程度上，高校就业数据造假是与相关考核密切相关的，正是为了应对考核，为了在考核中得到一个好的结果，一些高校不惜设法"创造"漂亮的就业数据。由此，我们就可以理解，一些高校就业数据造假并非是它们自己无事生非，而是"其来有自"，有着特定的制度背景。

当然，应对考核并非是就业数据造假的全部原因。高校对自身形象的顾虑和获取良好生源的考虑等因素也是就业数据造假的重要原因。我国高等教育发展至今，就业率如何已经成为人们评价一所高校的重要参考，更是考生决定是否报考特定高校的重要考虑因素。漂亮的就业数据，有利于树立和维持高校的良好形象，有利于吸引优质的生源。

但无论是为了应对考核还是出于其他考虑而进行就业数据造假，其背后都还有更深刻的社会背景。也就是，相对于造假的收益而言，其成本是低廉的。特别是，当数据造假不再是个别现象的时候，人们就有了从众心理，甚至特定的主体若不造假，实际上就形成对自己合法权益的损害。试想，若一所高校数据造假行为一旦被揭露，即会导致几乎无人报考该校的后果，那么还会有高校进行就业数据造假吗？

不能让就业数据造假成为公开的秘密

就业数据造假成为公开的秘密，意味着相关主体对此熟视无睹、不以为意，默许甚至鼓励这种现象的存在。如果说目前的就业数据造假还停留在部分高校，那么，从现在开始就应该采取措施，不要让就业数据造假现象蔓延开来，更不要让这种现象在整个社会都成为公开的秘密。就如教育部会议指出的，对所发现的数据造假行为要予以严肃追责问责。

然而，追责问责毕竟是事后的惩罚，它尽管是治理就业数据造假的重要环节和手段，但它只是治标不是治本。比追责问责更重要的是，可否从制度环境角度考虑消除高校就业数据造假的动机？

正如前面提及的，就业数据造假的直接原因在于，高校面临就业考核压力，就业数据不好看，会影响主管部门对学校的评估与排名，甚至会影响相关专业能否继续招生。如果说，学校声誉来自社会和市场的评价，相关部门乃至学校本身都无法直接干预，那么，是否将就业数据作为对学校进行评估的重要依据和相关专业是否可继续招生的依据，则是主管部门可决定的。因此，在高等教育管理中，就必须考虑到，将就业数据作为评估依据以及由教育部门决定相关专业是否可招生本身是否符合教育科学规律。

事实上，尽管高等教育本身不能完全市场化，但市场规律一定程度上可以在高等教育领域里发挥作用，高校毕业生就业本身更是有"市场"的。一个学校或一个专业办得好、符合市场需求，其毕业生自然不愁就业，就业率自然就高。如此，若一个专业的学生只有极低的就业率，则高校自然就会考虑该专业是否还应该继续办下去。换句话说，一个专业办得好与不好，社会与市场会对其进行"考核"，决定其存续或者消亡。

在这个意义上，由特定行政机关对就业数据进行考核，将其作为评估的重要标准，乃至决定专业是否可继续招生的依据，本身是值得再考虑的。主管部门应该也可以在教育管理中发挥其职能作用，但所谓"政府的归政府、市场的归市场"，教育的也应该归教育，按教育规律办事，由教育"市场"决定就业数据，主管部门可在促进就业上发力，但不宜在就业数据考核上使劲。唯其如此，就业数据才可真正成为反映高等教育成效的数据，而不是部分高校竞相造假的重点。

十六、城市公共交通可以停运吗？

2023 年 2 月 23 日，"商丘公交"微信公众号发布消息，称因受疫情冲击、国家新能源补贴政策调整、财政补贴不到位等多种因素叠加影响，公司亏损十分严重，经营异常困难，已经无法继续承担老百姓出行的公益性事业和民生工程，故拟于 2023 年 3 月 1 日起暂停运营商丘市市区公交线路。当天下午，商丘市政府发布声明，称市政府工作组已进驻公交公司，将依法依规查明情况，确保市区公共交通正常运营。

事实上，在商丘公交提出停运之前，已有河南郸城县、湖南耒阳市、黑龙江漠河市等地的公交公司，曾经提出过停止运营。只不过，之前提出过公交停运的都是县或县级市，商丘是第一个公开出现此种情况的地级市，因此引起了更广泛的关注。

城市公共交通是居民日常出行的最常见方式，公交一旦停运，会给居民生活带来极大不便，甚至可能影响城市功能的正常发挥。但另一方面，从几个提出停运的地方看，城市公共交通运营企业客观上都面临着极大困难，甚至确实无力再按原模式运营下去。所幸，这些公交企业提出停运的地方，后来都因为政府的介入，公共交通得以继续维持运转。

但这些作为个例的城市解决了当前的迫切问题，并不意味着其他地方就不会出现同类问题。本质上，这些地方的公交停运反映出来的根本问题在于：城市公共交通可以停运吗？公交企业运营困难与城市运转需要之间的矛盾又应该如何解决？

城市公共交通的定位

现代社会中，由于人口的聚集、生活方式的复杂化和社会分工的精细化等原因，人们已经不能完全依赖个人和市场的力量满足基本生活需要。特别在城市中，许多方面的服务都是个人和市场无法有效提供的，比如，水、电、气等基本生活所需的提供，个人无从解决，市场也由于各种原因无法有效解决。在此背景之下，就需要政府承担起相应的职责，通过一定的方式组织这些方面的服务。由此，这些服务也就成了由政府提供的所谓公共服务。

就交通运输服务而言，一般认为，货物运输和长途客运并不构成基本生活需要，但城市内的日常客运服务，则被认为系人们的基本生活需要和城市运转的基本条件，因此是公共服务的一部分。套用《公共文化服务保障法》对公共文化服务所作的界定，城市公共交通服务是指由政府主导、社会力量参与，以满足公民基本交通需求为主要目的而提供的公共交通设施、交通产品、交通活动以及其他相关服务。

从改革开放以来的发展历程看，我国城市公共交通经历了巨大的发展，公共交通服务范围、线路里程、车辆数量、客运总量等方面都有极大的变化。而在运营模式方面，从早期的国有公交公司垄断，到慢慢有民间资本进入城市公共交通领域，再到后来鼓励和引导各类投资主体参与城市公共交通基础设施建设和运营服务，可以说，在一定程度上，我国城市公共交通的运营模式已经有了重大变化，民营公司进入乃至负责城市公共交通运营已经成为常见现象。但无论具体的运营模式为何，无论是国有企业还是民营企业具体运营城市公共交通，都改变不了城市公共交通作为公共服务的基本特性。

将城市公共交通定位为公共服务，其意义在于，既然公共交通是公共服务，那么，政府便应该承担起相应的职责，保证城市公共交通的可得性，保证其符合公益性、基本性、均等性、便利性等要求。在此定位之下，政府对公共交通体系的建设、发展与维护等各个方面都承担着相应的责任。就如《国务院关于城市优先发展公共交通的指导意见》（国发〔2012〕64 号）所指出的：发展城市公共交通，城市人民政府是责任主体。司法部就《城市公共交通管理条例（征求意见稿)》所做的说明更明确提出，推进该条例出台的着眼点之一就是，明确政府在城市公共交通规划建设、运营管理、票价制定、财政补贴等方面的责任。

将城市公共交通定位为公共服务，也意味着，公共交通服务的具体提供者与通常的市场主体并不完全一样，它们享有法定或约定的特别权利，也承担着法定或约定的特别义务。比如，它可在一定范围内享有垄断运营的权利、获得补贴的权利等等；同时，它也要接受政府在服务价格、质量和服务的连续性等方面的专门监管，为公众提供平等的服务。

城市公共交通的连续服务要求

城市公共交通是满足人民群众基本出行需求的交通方式，对人们生活的保障和城市的有效运转发挥着基础性的作用，在城市交通中有着突出的和优先的地位。《国务院关于城市优先发展公共交通的指导意见》指出："优先发展公共交通是缓解交通拥堵、转变城市交通发展方式、提升人民群众生活品质、提高政府基本公共服务水平的必然要求。"

既然公共交通有着如此重要的地位和作用，那么就涉及一个问题：如果城市公共交通运营企业出现了类似商丘公交公司面临的重大困难而难以为继时，它能不能停止运营？

对此，答案是明确的，城市公共交通作为公共服务的性质，决定了其不能任意停止服务，无论是政府还是具体的城市公共交通的运营者，都不能擅自暂停公共交通服务。特别是城市政府，在运营企业万一出现停运的情形时，还应承担起兜底的责任，及时补位，保证公共交通服务的连续性，并采取措施，使其回复常态运转。

公共交通服务的连续性不只是其作为公共服务的性质决定的，也是当前法律规范的明确规定。比如，交通运输部出台的《城市公共汽车和电车客运管理规定》第十九条第一款明确，"获得城市公共汽电车线路运营权的运营企业，应当按照线路特许经营协议要求提供连续服务，不得擅自停止运营"。即便是特定线路的停运，也需要遵循一定的程序，并采取弥补措施，"运营企业需要暂停城市公共汽电车线路运营的，应当提前3个月向城市公共交通主管部门提出报告。运营企业应当按照城市公共交通主管部门的要求，自拟暂停之日7日前向社会公告；城市公共交通主管部门应当根据需要，采取临时指定运营企业、调配车辆等应对措施，保障社会公众出行需求"。

但事实上的停运，现实中仍然可能发生。至少对于城市公共交通的运营企业来说，其所提供的服务是可能停止的。比如，在企业破产的情形之下，其即便在服务期限内，也可能面临停运的情形。对此，《城市公共汽车和电车客运管理规定》第二十条规定：在线路运营权期限内，运营企业因破产、解散、被撤销线路运营权以及不可抗力等原因不能运营时，应当及时书面告知城市公共交通主管部门。城市公共交通主管部门应当按照国家相关规定重新选择线路运营企业。

可见，无论从其作为基本公共服务的性质上，还是从当前法律的规定上，城市公共交通都有保持其服务连续性的必要。一旦有停运之虞，政府即应采取措施，保证基本公共交通服务的提供。

城市公共交通为什么会出现停运？

城市公共交通有保证连续服务的必要，但现实中一些地方的城市公共交通面临停运却是客观存在的现象。这其中，原因或许有多种，但归根结底，都与资金保障问题密切相关。

城市公共交通运营的经费，通常来自两个方面：票价的收入和城市政府的专门补贴，除此之外，也可能包括其他类型的政府补助，以及广告收入等等。

就票价收入而言，城市公共交通的票价实行的是政府定价，价格问题是运营企业决定不了的，因此票价收入取决于乘坐公交车的人数。但根据相关的数据，在全国范围内，过去一些年来，城市公共交通的客运量呈现显著减少的趋势。如根据交通运输业发展统计公报，2014 年全国城市公共汽电车客运量为 781.88 亿人次，此后逐年下降，2017 年降为 722.87 亿人次，2019 年降为 691.76 亿人次；新冠疫情发生之后，2020 年急剧减少至 442.36 亿人次，2021 年虽有反弹，也仅为 489.16 亿人次。在这样的变化之下，作为公共交通运营企业主要收入来源的票价收入自然也就急剧下跌。

而在作为运营企业重要收入来源的政府补贴方面，当前多家公交公司的停运通告，都提及导致停运的原因包括政府补贴不到位。例如，据媒体披露的数据，商丘市 2021 年的财政拨款支出中，有 653 万元用作公共交通运营补助，但到了 2022 年，这一支出仅有 330 万元，相当于"腰斩"。鉴于在疫情之下，运营企业的票价收入的减少是大幅度的，因此，政府补贴甚至可能成为运营企业维持城市公共交通运转的主要经费来源，政府补贴的大幅降低，不啻是给了这些企业以致命一击。

除政府专门补贴之外，过去一些年中，国家为推行新能源公交车而进行了大范围补贴，数额为每车每年 4 万元至 8 万元不等。这笔钱，对一些城市公共交通运营企业有着重要的意义。但到了 2019 年后，国家停止了对新能源公交车的补贴，这对于使用新能源公交车的城市公共交通运营企业而言，也形成了巨大的压力。

在上述多种因素之下，一些城市公共交通运营企业开始面临着巨大的经营困难，即如"商丘公交"所称，"员工工资、社保金拖欠，无力支付，车辆充电电费、车辆保险等无资金购买"，以至于客观上无法再按原模式持续运营。

如何解决城市公共交通面临的停运难题？

当前一些城市公共交通面临停运的根本原因在于经费问题，因此，要防止出现停运情形，就势必要解决经费问题。但经费并不是问题的全部，政府应以保障城市公共交通这一基本公共服务的持续提供为目标，采取多种手段解决城市公共交通可能面临的停运难题。

1. 优先发展公共交通，引导和促进居民选择公交出行

乘坐公共交通人数的减少，是城市公共交通运营企业票价收入减少、经营困难加剧的重要原因。而客运量减少本身，又受到许多具体因素的影响，除过去数年中受疫情的重大影响之外，还受制于私人交通日益发达等因素。若不考虑疫情的影响，则过去几年客运量下降，至少反映了公共交通在便利性、舒适性、经济性等方面，与非公共交通相比，其优势并不突出，甚至没有优势。为此，应该按照《国务院关于城市优先发展公共交通的指导意见》的要求，真正树立公共交通优先发展的观念，突出城市公共交通的公益属性，将公共交通发展放在城市交通发展的首要位置，通过完善规

划、优化线路、提升服务、加强保障等手段，提高公共交通的品质，引导和促进公民选择公交出行。

2. 依法保障对城市公共交通运营企业的补贴

以一定的形式对城市公共交通进行补贴，可以说是公交运营的惯例，很少有公共交通运营企业能仅仅依赖票价收入等自身收入维持运营。对此，《国务院关于城市优先发展公共交通的指导意见》已经明确，要合理界定补贴补偿范围，对实行低票价、减免票、承担政府指令性任务等形成的政策性亏损，以及经营冷僻线路等方面的投入，地方财政给予适当补贴补偿。《城市公共汽车和电车客运管理规定》第二十三条也规定，城市公共交通主管部门应当配合有关部门建立运营企业的运营成本核算制度和补偿、补贴制度。并具体规定，对于运营企业执行票价低于成本票价等所减少的运营收入，执行政府乘车优惠政策减少的收入，以及因承担政府指令性任务所造成的政策性亏损，城市公共交通主管部门应当建议有关部门按规定予以补偿、补贴。

城市政府也不能以财政困难而停止对公共交通运营企业的补贴。对一个城市而言，公共交通是最基本的公共服务，可以说，在政府面向公众提供的公共服务中，公共交通属于最迫切的一类。财政困难可能是现实的，但维持公共交通所需要的资金应该排在优先位置。除非到了山穷水尽的极端境地，政府不能以财政困难为由，停止对公共交通运营企业的补贴。更何况，对于民营企业而言，其运营补贴通常都有相应的特许经营协议进行规定，财政困难不应成为政府不按协议进行补贴的理由。

3. 通过公正程序确定合理票价

城市公共交通价格因其与公众日常生活密切相关，因此具有相当的敏感性，一些地方即便政府和企业面临着巨大的经营成本压力，也因为公众的反弹而难以提高票价。公共服务是满足公众基本需要的服务，但公共服务并不意味着是免费的服务。特别是在政府财力受到较大限制的情形之下，服务的接受者有必要承担或与政府分担公共服务的成本。《城市公共汽车和电车客运管理规定》第二十一条提出，要依据成本票价，并按照鼓励社会公众优先选择城市公共交通出行的原则，统筹考虑社会公众承受能力、政府财政状况和出行距离等因素，确定票制票价。因此，政府可以通过公正的程序，在确有必要的时候，向公众进行充分的说明，确定尽管高于当前的但合理的公共交通票价，以保证公共交通的可持续性。当然，政府也可出台统一降低公共交通票价的"惠民"政策，但因此而减少的票价收入，不能由公共交通运营企业承担，而应由政府通过补贴的形式予以承担。

4. 完善公共交通企业的运营机制，提高运营绩效

公共交通运营企业出现的经营困难，其主要原因当然在于客运量不足和补贴下降，但是，公交公司自身的因素也可

能是构成经营困难的重要原因。比如，由于公共交通难以避免的相对垄断性，可能导致线路安排不合理、服务质量低下等情况，从而降低了运营效率，成为公共交通运营企业经营困难的重要原因。为此，有必要通过一定的机制，完善公共交通运营企业的运营机制，提高运营效率。

此外，也应完善公共交通运营企业的绩效评价制度，对公共交通运营企业服务质量和效率等方面进行适时评价，并将结果作为衡量公交企业运营情况、发放政府补贴的重要依据，以此提高它们的运营绩效。

5. 发挥政府在公共交通中的兜底作用

人们注意到，近来公开提出将予停运的公共交通运营企业，都是民营企业。不只如此，在这些企业公开提出将全面停运公共交通之后，当地政府无一例外都进行了介入，并且，这些民营企业在政府介入之后也随即表态将保证公共交通的继续运营。以至于有媒体认为，这些民营企业的所谓停运，实际上是一种"讨薪"的手段。

公共交通民营化的原因应该是民营企业进入城市公共交通市场有着比公共企业更高的效率和更好的服务，否则，民营化就失去了其应有的意义。既然如此，政府在实行公共交通民营化时，就应该与运营主体明确民营化之后的运营保障机制，明确财政补贴标准和条件，并明确不得擅自停运。同时，作为承担公共交通服务组织和提供责任的主体，政府在公共交通民营化的情形下，还应做好"兜底"的预案，明确一旦民营公共交通运营公司出现停运情形时如何应对，避免出现民营公司公开提出停运后才仓促上阵的情形。

十七、铁路客运与人民生活关系重大，
票价调整并非单纯市场行为

    2024 年 5 月 2 日，中国铁路 12306 官网发布了四则调价公告。公告称，为进一步提升高铁运营品质、满足旅客不同出行需求，决定自 2024 年 6 月 15 日起，对京广高铁武广段、沪昆高铁沪杭段、沪昆高铁杭长段、杭深铁路杭甬段上运行的时速 300 公里及以上动车组列车公布票价进行优化调整，并根据市场状况，区分季节、日期、时段、席别等因素，建立灵活定价机制，实行有升有降、差异化的折扣浮动策略；各站间执行票价将以公布票价为上限、5.5 折为下限，实行多档次、灵活折扣的浮动票价体系，为旅客出行提供更多的选择。

    而后续公布的票价表则表明，经过此次调价之后，最多乘客选择的二等座票价涨价了 20% 左右。其中，京广高铁武广段涨幅为 19.31%、沪昆高铁沪杭段涨幅为 19.18%、沪昆高铁杭长段涨幅为 19.84%、杭深铁路杭甬段涨幅为 19.72%。

此次调价迅速引起了舆论的广泛关注，对此，中国国家铁路集团有限公司相关负责人表示，调价是正常市场行为，目的是通过灵活实施高铁票价市场化机制，促进客流增长，全面提升客运服务质量。

随着社会经济的发展变化，铁路票价的调整几乎是必然现象。但此次高铁公布票价以自行公告的方式进行了高达 20% 的大幅度调整，使其成为公众关注的焦点。其中所涉的合法性与合理性问题，也值得人们进一步思考。

从公告的内容上看，此次调价貌似有升有降，建立了更为灵活和多样化的机制。但详加考察，人们会发现，公布票价的上涨才是本次调价的核心。因为公布票价是针对所有车次的，包括下浮票价在内的所谓灵活机制则是针对特定车次的；公布票价在下一次调价前是相对稳定的，下浮票价则是根据上座率等状况随时可调整的。所以，本质上说，此次调价就是一次高铁票价的上涨，所谓的有降有升，主要是用来安抚人心的。

从法律层面看，《价格法》第十八条规定，政府在必要时可对与国民经济发展和人民生活关系重大的极少数商品价格、自然垄断经营的商品价格等实行政府指导价或者政府定价。《铁路法》第二十五条规定，铁路的旅客票价率和货物、行李的运价率实行政府指导价或者政府定价，竞争性领域实行市场调节价；政府指导价、政府定价的定价权限和具体适用范围以中央政府和地方政府的定价目录为依据。这是铁路运输定价最直接、最主要的法律依据。

2020 年 3 月 16 日，国家发改委官网公布了新版《中央定价目录》，其中国家铁路部分，定价范围仅包括"中央管理企业全资及控股铁路普通旅客列车硬座、硬卧票价率"，而动车组列车、社会资本投资控股新建铁路客运专线则以备注的形式明确不在定价范围内。这一定价目录，意味着国铁集团可自行对高铁票价进行定价和调整，也成为此次高铁调价的直接依据。

然而，在《价格法》明确规定与人民生活关系重大的极少数商品价格、自然垄断经营的商品价格等实行政府指导价或者政府定价，《铁路法》明确规定除竞争性领域实行市场调节价外铁路旅客票价率实行政府指导价或者政府定价的情形下，前述定价目录本身的合法性就是值得商榷的。

国家之所以要通过法律明确对旅客票价率实行政府指导价或者政府定价，恰恰意味着，法律肯认铁路运输是一种特别的交通方式，对于多数公众具有不可替代的意义。除非有证据表明某种特别类型的铁路旅客运输是具有竞争性的，它就不应由铁路企业进行定价。

就高铁而言，在某些既有航班又有高铁的城市之间，高铁运输与航空运输的确具有一定的竞争性，可以有条件地视为是竞争性领域。但是，当我们关注到，在大多数开通高铁的城市之间，非动车组的铁路旅客运输已经被基本取代或完全取消，我们就能发现，这种所谓的竞争性是以公众被迫选择航空或高铁这两种相对高档的交通运输方式为代价的。这样的所谓竞争并不是真正基于市场的竞争，如果非要说存在竞争，它也是假市场、真垄断。

还需注意到，作为铁路运输方式，高铁的站点相对较多，而可选择航空运输方式的城市区间毕竟只是少数，大多数距离较近的城市之间是没有航空运输这种替代运输方式的。在这些城市和站点之间，高铁运输更不是什么竞争性领域，而基本上属于垄断领域。

由此可见，将高铁动车组（更不要说其他动车组）视为是竞争性领域，从而排除在政府定价或政府指导价之外，并将票价的定价权交给具有垄断性的铁路企业，其是否合乎《铁路法》《价格法》的规定，本身是可疑的。

不仅如此，包括定价行为在内的所谓市场行为，其前提是存在必要乃至充分的市场竞争。没有市场竞争，就不存在市场行为；在不存在必要的市场竞争前提下宣称单方定价行为是市场定价，那是与市场本质不符的，是借市场之名而实行的垄断行为。鉴于高速铁路具有的垄断性，高铁票价的浮动机制或许可以说是引入了市场因素，但公布票价的调整，过去不是市场行为，在形成真正的市场竞争之前也无法成为市场行为。

相关方面还称，此次调价之目的是"通过灵活实施高铁票价市场化机制，促进客流增长，全面提升客运服务质量"。就此，"促进客流"恐怕是无法达成的目标，通过涨价提升或促进客流也不符合经济逻辑；"全面提升客运服务质量"与涨价亦无必然联系，是否可达到提升客运服务质量之目标更有待进一步观察。可见，此次涨价真正的目的恐怕还在于提升铁路运营企业的收益。只是，作为企业，提高营业收入、提升经济效益本身也是合乎逻辑的，何必这么欲盖弥彰？

当然，说铁路票价调整不属市场行为，并不是说铁路票价是不可调整的。在条件具备的情形下，政府价格主管部门可以确定铁路运输的价格；在真正具备竞争的提前下，铁路企业也可基于服务升级与成本上涨等因素进行价格调整。但就目前来说，包括高铁在内，铁路仍然具有垄断性，其票价和人民生活的关系极为重大，因此，高铁定价更有理由实行政府指导价或政府定价，而不宜将定价权完全交由垄断企业。否则，作为企业，垄断性的铁路企业基于追求经济效益的内在冲动，几乎必然地会趋向于在可能的范围内不断涨价。如此一来，对于没有选择余地而不得不接受此种垄断服务的消费者来说，其利益必然地遭受相应减损。

公共治理是个精细活儿

这种情形一旦出现，不但涉及可能面临的合法性疑问，还涉及社会民生压力问题，更涉及国铁作为国有企业的社会担当问题。

十八、"私建浮桥"案件的背后，
是公共服务的缺位

　　吉林省洮南市瓦房镇振林村地处洮儿河岸边，村民若要过河，需绕道几十公里。2014 年，村民黄某某自掏腰包，未经审批在河上修了一座固定桥梁。为了收回造桥成本，黄某某向过桥的车辆收取 5—10 元不等的过桥费。对于该私建桥梁的行为，当地水利部门曾进行了三次处罚，直到 2018 年该浮桥被强制拆除。2019 年，黄某某等 18 人为此被判犯有寻衅滋事罪，处以拘役或有期徒刑三个月至两年不等（皆为缓刑）。

　　案件披露后，舆论沸腾。各方的关注点主要在于其中的刑法问题，即黄某某等人是不是存在"强拿硬要"的犯罪行为，是不是构成刑法上的寻衅滋事罪，对其判罚是不是属于轻罪重罚。

　　对于一宗刑事案件而言，公众关注犯罪事实是否存在、是不是构成特定罪名、判罚是否过重，当然没有问题。更何况，该案对罪名之认定及相应之判罚，的确与一般公众的认知有相当的距离。但是，本事件之所以发生，最根本的原因在于，有那么一座"私建"的浮桥存在，若无此桥，则无此事件。而在私建浮桥构成违法的前提下，若相关部门对该"违法行为"及时予以制止，也同样不至于发展至其后的刑事案件。换言之，本案为万众所瞩目，系基于其作为刑事案件的合法性与公正性，但其根源却在于政府是否做到了依法行政与是否正确履行了法定职责。

水行政主管部门在案件处理过程中是否依法行政？

根据《水法》第三十八条、第六十五条的规定，在河道管理范围内建设桥梁，应当符合国家规定的防洪标准和其他有关的技术要求，工程建设方案应当依照防洪法的有关规定报经有关水行政主管部门审查同意。未经水行政主管部门或者流域管理机构同意，擅自建设桥梁且防洪法未作规定的，则由县级以上人民政府水行政主管部门或者流域管理机构依据职权，实施相应制裁。

本案中，据刑事判决书认定，2005 年至 2014 年，黄某某即伙同他人在此私自建船体浮桥拦截过往车辆收取过桥费；2014 年冬，黄某某又出资并组织他人在该处河道私自建固定桥并开始拦截过往车辆收取过桥费，其间，黄某某等人因非法建桥被洮南市水利局行政处罚三次，但黄某某等人继续强行收费直至该桥被强制拆除。在这一过程中，值得质疑的行政执法问题包括以下方面。

首先，对黄某某等人 2014 年之前私建浮桥的行为，行政机关为何未予查处？

根据公开披露的消息，案涉浮桥一直建于行洪区域。既是如此，并结合 2014 年之后水利部门的处理方式，可以明确，2014 年之前黄某某的私自建桥行为，也是违法的建设行为；并且，该桥自 2005 年以来长期运行，相关部门若说从不知情，着实于理难通。然而水利部门对此并未及时予以制止或作出处罚，这是否属于未依法履行职责？若 2014 年之前即对黄某某依法作出处理，则应不至于有此后行政违法行为的进一步发展，更不至于发展到需要采取刑事措施的阶段。

其次，在 2014 年之后，水利部门对黄某某实施了三次行政处罚，此三次行政处罚是否依法进行？特别是，是否符合"一事不再罚"的原则？

所谓"一事不再罚"，指的是"对当事人的同一个违法行为，不得给予两次以上罚款的行政处罚"。在本案中，其核心在于，在前两次作出行政处罚决定之后，私建桥梁是否被依法拆除？若已被拆除，当事人又再次建造，则再予处罚符合法律的规定；若一直未予拆除，而行政机关连续处罚三次，则涉嫌违反了"一事不再罚"的要求。

前两次行政处罚后，案涉浮桥拆除与否，这是一个事实问题。但从目前披露的信息看，无论是在刑事判决书的认定中，还是从水利部门的表态中，该事实都是不清晰的。其中，判决书认定，2014 年冬，被告人黄某某等私自建固定桥，此后至 2018 年 10 月，由被告人黄某某组织相关人员，拦截过往车辆收取过桥费，"其间因非法建桥被洮南市水利局行政处罚三次，但黄某某等人继续强行收费直至该桥被强制拆除"，据此，2014 年起，尽管被行政处罚了三次，但似乎并不存在桥梁被拆除的情况。而当地水利部门的表述则是："我们要求他在规定期间内自行拆除违法建筑物，恢复河道原貌。每次他们都没有在规定的期限内进行拆除，所以我们依法对其进行了处罚，并且每次都要求他拆除，绝不存在行政执法完了桥没拆的情况"，"但是过一段时间，他在原位置上又搭桥了，我们巡查发现或接到群众举报，所以继续对其进行行政处罚"。这一表述本身是自相矛盾的，一方面称"不存在行政执法完了桥没拆的情况"，另一方面又称"每次他们都没有在规定的期限内进行拆除"。综合上述相关信息，当地相关行政部门极有可能在 2018 年之前的行政处罚后，并没有强制拆除此桥，从而也就违反了当时的《行政处罚法》第二十四条有关"对当事人的同一个违法行为，不得给予两次以上罚款的行政处罚"的规定，属于违法行政。

最后，对黄某某违法建造浮桥的行为，必须进行罚款吗？

《水法》第六十五条规定，"未经水行政主管部门或者流域管理机构同意，擅自修建水工程，或者建设桥梁、码头和其他拦河、跨河、临河建筑物、构筑物，铺设跨河管道、电缆，且防洪法未作规定的，由县级以上人民政府水行政主管部门或者流域管理机构依据职权，责令停止违法行为，限期补办有关手续；逾期不补办或者补办未被批准的，责令限期拆除违法建筑物、构筑物；逾期不拆除的，强行拆除，所需费用由违法单位或者个人负担，并处一万元以上十万元以下的罚款"。根据这一规定，如果出现了未经批准而建设桥梁的行为，相关行政机关首先要做的是限期补办有关手续，而不是直接进行罚款；经限期补办手续而当事人不补办，或当事人申请补办后相关行政机关未予批准的，才涉及责令拆除与行政罚款问题。而在本案中，公开信息只提及水利部门对黄某某处以罚款和责令拆除，并未提及曾要求其限期补办手续。按此看来，水利部门的执法行为并不符合《水法》的规定。

或许有人会提出，这种浮桥的建设，水利部门毫无疑问是不会批准的，即便责令限期补办手续，最后结果也是实施行政处罚，所以直接予以罚款并责令予以拆除并无问题。这种观点是不成立的。一来，桥梁的建设并不是国家所垄断的，私人也可建设桥梁；二来，批准与否，需要相关行政机

· 135 ·

关进行审查才可得出结论，未经审查即径直得出结论，至少也是武断的和不符合法定程序的。

私建桥梁必然是违法行为吗？

本案发生之后，多数论者都认为，黄某某私自修桥的行为不符合《水法》等行政法律规范的规定，是行政违法行为。前文的论述，也建立在该行为系行政违法行为这一假定之上。但事实上，若超越这一个案，更加本质的问题还在于，未经批准的"私建桥梁"行为必然是违法行为吗？

的确，《水法》第三十八条明确规定：在河道管理范围内建设桥梁、码头和其他拦河、跨河、临河建筑物、构筑物，铺设跨河管道、电缆，应当符合国家规定的防洪标准和其他有关的技术要求，工程建设方案应当依照防洪法的有关规定报经有关水行政主管部门审查同意。若按此字面意思，凡在河道管理范围内建设桥梁的行为，都必须要经过水行政主管部门的同意。

然而，这一规定并不宜作僵化理解。

行政许可的目的并不在于行政许可本身，更不在于体现行政机关的权威。《行政许可法》第一条规定，行政许可法的立法目的是"规范行政许可的设定和实施，保护公民、法人和其他组织的合法权益，维护公共利益和社会秩序，保障和监督行政机关有效实施行政管理"。第十一条规定："设定行政许可，应当遵循经济和社会发展规律，有利于发挥公民、法人或者其他组织的积极性、主动性，维护公共利益和社会秩序，促进经济、社会和生态环境协调发展。"可见，保护公民、法人和其他组织的合法权益，维护公共利益和社会秩序，才是行政许可的根本目的所在。就建设桥梁而言，其需要经水行政部门批准，当然也是为了维护公共利益和保护公民权利，比如防止出现阻碍行洪的情形、保护车辆行人的安全等等。然而，即便如此，要求所有在河流上修建桥梁的行为都经过批准，也仍然是既无必要、也不可能的。现实生活中，河流的形态和数量众多，达到一定规模的河流只是其中的很小一部分。在不可计数的小河与溪流之上，修建着不可计数的小桥，这些小桥，或许长度只有数米，或许只是电线杆横架于河流小溪之上。对这些桥梁，现实中是否都经过了审批，是否都有必要进行审批？无疑，只有达到一定规模的桥梁才有在修建之前进行审批、获得许可的必要。

但遗憾的是，目前有关法律法规，从《水法》到《防洪法》再到《河道管理条例》，都只是规定了修建桥梁需要予以批准，而未对不同的桥梁进行分类，明确哪些需要审批，哪些不需要，导致了实践中看似严格的法律规定，并不能完全得以严格实施。这种现象，一方面说明，相关立法需要进一步的完善，使之更贴近公众的日常生活，更具可操作性；

另一方面也说明，若根据当前法律的规定，将所有未经批准在河流上修建桥梁的行为都视为违法行为是于理不合、于情难通的。因此，就水利部门而言，对于一些在河流上修建桥梁道路的行为，只要其不影响水资源保护、不影响水害防治，即应秉持更为宽容的态度，而不宜僵化地视之为违法行为。比如，对公众确有需要、政府又未能统一组织的临时浮桥，只要其不影响行洪并承诺在汛期来临之前拆除，即可考虑予以必要且可控的容忍。

事实上，类似的容忍情形在现实生活中是存在的。只不过，基于不同国家机关的职责考量，这样的行为难以公开得到承认，哪怕它有公众的广泛支持。比如，根据裁判文书网的信息，2018 年，洮南市水利局曾因未采取有效措施，拆除一条违法建设的拦河阻水道路，被洮南市人民检察院提起行政公益诉讼。洮南市水利局在案件中辩称，起诉书中所诉的拦河阻水道路，是洮南市某村村民委员会所为，目的是方便村民过河种地及收地；其已按照检察院建议，要求建造单位予以拆除，但因工作繁忙未能及时反馈工作进展信息，致本案成讼。最后，法院判决洮南市水利局未依法履行河道监督管理职责的行为违法。

"私建浮桥" 案的根源在于公共服务的缺位

"私建浮桥" 案之所以成案并被公众所关注，其前提在于，有那么一座"私建"的浮桥存在，若无此桥，则无此事件。可是，为什么村民会去私建一座浮桥并得以运营多年呢？那是因为，当地群众有此需求，而政府并未在此建设相应的桥梁。设若此处或附近有一座可供公众通行的桥梁，本次事件即不可能出现，当地政府也不需要紧张应对此次舆情。

本案当事人黄某某曾称，"洮南和洮北中间相差 90 公里没有过河通道"，这一说法或有夸张之处，但洮南境内乃至白城境内洮儿河两岸修建桥梁的需求无疑是迫切的。据《南方都市报》报道：黄某某所建的浮桥极大缩短了两岸村民往来的距离，当地村民反映，"（经这座桥）直接就能过去（安全村）了，能少走 70 多公里，特别近，时间缩短了，方便"。洮儿河两岸分布着众多的村庄，一座桥梁能使人们少绕道 70 余公里，且有众多的车辆往来，说这样的桥梁没有迫切性，是不符合通常人的认知的。若说此案所涉桥梁只是一个特例，那么，媒体所公开报道的，从 2007 年至今当地拆除了 11 座非法建造的桥梁，总能说明当地建桥的迫切性。

当然，类似修建桥梁这样的基础设施作为政府所承担的积极义务，需要大量的资金投入，的确不可能一蹴而就，一下子满足所有人的需求，而需要有一个循序渐进的过程。对此，洮南市副市长刘洋表示，"十三五"以来，洮南市充分考量民生诉求和实际需要，共投资 2.17 亿元，建设桥梁 31

座，总长度 2.9 公里。今年，有两座桥梁正在修建。"但是我们的工作一定是有排序的，像振林村，只是为了去白城方便，农耕需求不强烈，近年常住人口又不是很多，所以我们就往后排。"从这一表态中可知，在当地政府看来，在需要绕道 70 余公里的情形下，振林村修建一座永久桥梁的需求也并不是最迫切的，这也意味着，其他地方的需求比这更迫切。

然而，即便基于当地社会经济发展的实际，在振林村修建永久性桥梁一时还排不上号，政府也仍然应有变通的方法可解决当地公众的出行问题。比如，由政府统一组织修建季节性、临时性的浮桥，平时供行人车辆通行，汛期到来前则予以拆除。这种既提供了公共服务、回应了民生需求，又回避了负面影响的做法，在一些地方早有成熟的经验。比如，据报道，为保障汛前调水调沙期间的行洪通畅，自 2023 年 6 月 21 日起至 6 月 26 日，山东境内黄河上 53 座浮桥已全部拆除。黄河山东段总长度 628 公里，53 座浮桥意味着不到 12 公里就有一座浮桥，还不包括 10 余座永久大桥。此种经验，洮儿河沿岸地方政府完全可以借鉴。若说当地经济发展水平不如山东，洮儿河建设浮桥的难度与资金需求也远远低于黄河浮桥。以本案披露的信息为例，黄某某私建浮桥耗费了 13 万余元，政府修建的季节性临时浮桥哪怕质量更高，估计也就数十万元。对照当地政府披露的桥梁建设总投资，这个数额当在当地政府的承受范围之内。

有意思的是，此次舆情发酵之后，当地一方面声称振林村的桥梁建设还排不上号，另一方面却很快决定进行临时便民浮桥的建设，并拟在秋收前建设完成。按照桥梁建设先急后缓的要求，原来没有在此处建设桥梁（包括便民浮桥）的计划，说明其他地方需求更迫切。此次事件的发生尽管引起了全国性的关注，但它并不改变当地对修建桥梁需求的迫切程度，当地很快进行浮桥的建设，总不应该是挤占了其他乡镇或村庄的修建需求。这说明，提供便民浮桥这样最起码的公共基础设施，当地还是有这个财政能力的，问题不在于财力，而在于意愿。

由此可见，本次事件之所以发生，其最根本的原因，在于事发地缺少一座满足公众通行需求的桥梁，在于当地公共服务的缺位。而此次事件的发展则说明，公共服务的缺位除直接导致公众的生活不便外，还可能间接导致人们面临牢狱之灾，导致一个地方陷入舆论旋涡，导致地方政府面临信任危机。

可问题是，当了解公共服务的缺位和政府职责的缺失可能导致上述影响后，相关地方是否可真正吸取教训，确保类似的情况不再发生？

十九、反思南宁停车收费风波：
定位不明则乱象难止

  2023 年 6 月 21 日，南宁市召开道路停车位机动车停放服务收费标准听证会。听证定价方案拟从简化区域分类、缩短收费时段、延长免费时间、设置最高限价、降低收费标准等方面对原收费政策进行调整。

  此次听证会的背景是，2023 年 5 月初，南宁慧泊停车场服务有限责任公司（下称"慧泊公司"）与南宁市青秀区人民法院（下称"青秀区法院"）签订《合作备忘录》，青秀区法院将对慧泊公司诉讼案件予以优先受理、优先立案、优先判决、优先执行，加快司法诉讼追缴欠费进度，有效防止国有资产流失。《合作备忘录》一经披露就引发了轩然大波，公众对该备忘录及其背后的停车收费问题产生广泛质疑。

  为平息舆论，相关方面作出了反应，《合作备忘录》被责令解除，5 名相关人员被停职，南宁市市长公开鞠躬致歉，慧泊公司停止运营、接受审计，相关业务由南宁公交集团接管，新一轮优化调整道路停车收费方案程序随即启动。

但是，经过听证之后，公共停车收费乱象是否就此得以解决、公众的质疑声是否会就此得以平息？这恐怕不是听证会本身即可解决的。

根本上，公众对公共停车收费政策认可与否，取决于公共停车收费如何定位，以及在此基础上的停车场（位）运营模式、停车收费标准、停车监督管理是否合法、合理与公正。

窥一斑而知全豹，此问题不独南宁存在，全国许多城市皆然。

公共停车收费乱象乱在哪儿？

南宁停车收费风波以政府道歉和收费政策调整结局，意味着政府承认之前的公共停车收费存在乱象。而从停车收费风波的缘起、发展和政策的调整方向，我们也可以大致了解停车收费乱象体现在以下几个方面。

第一，停车收费遍及各个角落，甚至非机动车停车也收费

据当地媒体报道，南宁城市的道路停车泊位为46908个，其中收费道路停车泊位30535个；一些本属免费的道路停车泊位，被慧泊公司纳入管理后，实行收费停车；一些没有划设停车位的道路两侧，居民停放车辆后，相关工作人员也会贴条催缴收费，以至于"马路两边随处可见身穿蓝色工服的工作人员手拿打印机，贴停车缴费单"。

不仅机动车收费，非机动车包括自行车和电动自行车也实施收费停车。泛滥的收费停车已成为普遍现象，收费已经成了划设停车场（位）的主要目的，以至于被讥为无处停车不收费。

第二，公共停车收费价格太高

收费停车，本身有其合理之处；收费高低，本来也是相对而言的。或许某地的收费相对于另外一个地方而言并不高，但当一个地方的停车收费，被一般公众普遍认为过高时，就必须予以正视。

以南宁为例，一类区域一级道路路内停车白天收费标准为每 15 分钟 1.5—2.0 元/辆，有媒体做过计算，根据这一标准，按工作日停车 10 小时计算，需缴纳停车费 60—80 元/辆；如果长时间连续停车，则收费会更高。有市民吐槽，外出吃了一碗粉花费 8 元钱，停车费却花了 10 元。

而在非机动车停车收费部分，某区域 7：00 至 20：00 自行车收费 0.5 元/次，电动自行车收费 1 元/次；20：00 至次日 7：00 自行车收费 1 元/次，电动自行车收费 2 元/次；自行车月票 20 元，电动自行车月票 50 元。一辆自行车的价格或许仅有数百元，一年的停车费甚至可能超过车辆本身的价格。

第三，追缴停车费手段欠妥

此次南宁停车风波的导火索之一，是青秀区法院与慧泊公司签订的《合作备忘录》。根据这份备忘录，法院为慧泊公司提供不同于一般公众的司法便利，以促进其追缴停车费。

法院作为司法机关，本应基于公正立场对待相关主体，而非为特定主体服务，一旦法院和企业签订了"合作协议"，则意味着其所作裁判的公正性将受到影响，可能让司法失去公正性。

不仅如此，慧泊公司还与相关行政部门合作，将欠费情况纳入个人征信。2018 年 9 月 26 日，南宁市发改委与市"大行动"办、慧泊公司还专门就如何推进停车泊位信用监管工作召开座谈会，市发改委信用办相关负责人明确建议，将停车欠费行为纳入个人信用档案。

第四，停车经营主体的选定不当

此次南宁停车收费风波中，公众普遍质疑的另一个问题是，为什么慧泊公司独家获得了南宁市道路停车经营权。对此，南宁市委办公室回复称，慧泊公司系依据市发改委、市公安局《南宁市道路停车位机动车停放服务收费标准的通知》（南发改规〔2022〕4 号）的规定，收取道路车行道机动车停车服务费。但这个解释显然无法解释慧泊公司独家获得停车经营权的程序正当性问题，社会各界对此解释也难予认可。

公共停车是什么性质的服务

当前，私家车辆已经进入千家万户，成为人们日常生活中不可或缺的交通工具。在许多大型城市，私家车辆已达到百万辆以上规模。有车辆就要使用，使用过程中就需要停放。在私家车普及的背景下，公共停车服务已经成为社会公众生活中一项不可或缺的基本需求，并且这一需求无法通过市场的手段得到有效满足。

当一项需求已成为公众基本生活需要，而市场机制却无法有效提供之时，它即具备了公共服务的性质，需要政府发挥兜底作用，直接或间接提供此种服务，以满足人们的需求，促进社会顺利运转与发展。依此来看，城市公共停车服务已经具备了公共服务的性质。

当我们将公共停车服务定位为公共服务，提供这种服务就是政府的职责所在。相应地，与此相关的工作都必须服务于其公共服务的性质，而不能喧宾夺主。具体到停车收费问题，是否应该收费、收费标准是什么、如何收费等等，都只能基于其公共服务性质，而不能将其他因素（比如增加政府收入）作为主要考量因素。

但在现实生活中，一些城市没有准确定位公共停车服务的性质，甚至故意回避，以至于在划设道路停车位、选择停车经营管理主体、确定停车收费标准等方面的行为，都与公共服务定位相违背。

比如，2011 年制定的《南宁市停车场管理办法》在其第一条即明确，该办法的制定目的是"加强本市停车场的规划、建设和管理，规范车辆停放和停车场服务活动，保障道路交通安全畅通"，未提及公共停车服务的定位问题。相反，该办法第二十八条还规定，"道路停车泊位的经营管理权依法实行有偿出让。……招标或拍卖所得收益上缴财政"。从该条规定看，当地是将道路停车资源作为一种经营性资产来对待的。

在定位阙如的前提下，现行《南宁市停车场管理条例》将停车场分类为公共停车场、专用停车场和道路停车泊位。其中，"公共"与否以停车对象而不是以设置目的为准，因此也就存在了所谓经营性公共停车场的划分。经营性服务系以追求利润为目标，而公共服务则应以为公众提供服务而非营利为基本目的，两者本不相容，却真实地存在于一些地方性法规之中。可见，在定位不明的情形之下，法律条文出现内在的矛盾也就难以避免了。

定位不明也直接影响了公共停车服务的具体提供。据公开信息，针对有关道路停车收费的合理性问题，南宁市委办公室回复称，根据《关于印发规范南宁市道路路内机动车停车泊位管理工作方案的通知》（南府办函〔2018〕32 号），南宁市道路路内机动车停车泊位"收费性质为经营性收费，由交投集团负责收取，核算并扣除经营成本及合理利润后，将其余收益上缴市财政"。也就是说，在当地，道路停车是作为经营性服务存在的，其收费也是经营性收费。换成更直白的表述，可以理解为，道路停车在当地是被作为一门生意来做的。

谁有权经营道路停车泊位

道路停车泊位是由政府设置的，若实行免费停车，自可在划设之后即由公众自由使用。但现实生活中，大部分道路停车泊位的使用都是收费的，这就涉及如何经营问题。对此，政府面临三种可能的选择：一是由政府直接经营，二是由专门的公共企业经营，三是交由市场主体经营。从实践角度看，前两种都已被证明不是最佳选择，故实践中多由获得特许的公司专门经营。

在停车经营主体的选定程序上，为保证经营权获取的公正性，一般而言，政府可提前设定经营主体的标准和要求，再通过招投标程序选定具体的经营者。这样方可能让效率更高、服务更好的公司获取经营权，既有效利用资源，也更好地为公众提供服务。同时，为保证经营者之间的适度竞争，一般大型城市也宜按一定规则选定多家公司负责经营，以避免出现垄断经营、降低效率、服务质量不佳的情形。

在南宁，2011 年制定的《南宁市停车场管理办法》第二十八条规定，"市公安机关交通管理部门、城市管理行政主管部门按规定以公开招标或者拍卖的方式确定经营者"。也就是说，当时有效的地方政府规章条文，已经对道路停车主体的选定程序进行了规定。可资比较的是，现行《南宁市停车场管理条例》虽有 10 处提及"经营者"，但没有一处对公共道路停车位的经营者如何确定进行规定。

根据公开报道，过去 10 余年间，南宁市道路停车位经营权归属曾发生多次更迭。慧泊公司是在 2017 年，经市政府授权取得城市道路停车服务管理权的，也就是在这一年，现行收费标准开始实施。

值得注意的是，根据南宁市委办公室的信息，慧泊公司系依据市发改委、市公安局《南宁市道路停车位机动车停放服务收费标准的通知》（南发改规〔2022〕4 号）的规定，收取道路车行道机动车停车服务费。但并没有证据表明，慧泊公司获得经营权经过了法定的招标程序。

不只如此，慧泊公司一经接手，即取得了垄断性的地位，经营南宁市全部收费道路停车泊位 30535 个。这表明，当地将全部收费道路停车泊位授权给慧泊公司独家经营，不但合理性存疑，也不符合当时的法律规定。

公共停车收费标准与规则

明确公共停车服务的公共服务性质，并不妨碍收费的合理性。甚至一定意义上，收费还具有积极意义，它可为公共服务筹集资金，可促进服务享受者与未享受者之间的社会公平，还可促进政策目标的实现，如引导公众减少在特定区域使用机动车，从而疏导城市交通。

既然收费，就涉及收费标准问题。目前各地的收费标准体现出了"差异性"特征，少数城市实行免费停车，多数城市收取适当的费用，而有些城市实施较高的收费标准。面对这些高低不同的收费标准，我们很难一概而论地说哪种收费标准就是合理的。

但毫无疑问，收费标准的确定不单单是费用问题，还牵涉到车主承受的负担合理与否、城市的交通畅通与否、对其他社会公众公平与否等问题。政府在确定收费标准时，也不能仅仅从获取收入出发，而应从公共停车场设置的本质目的出发，即定位于提供公共服务。在此基础上，再综合考虑收费标准对城市交通的疏导作用、政府的财政能力等多方面因素确定。既不能不顾及交通状况与赋税公平，一味地实行免费或维持低收费标准，也不能无视公众负担而一味提高收费标准，甚至将公共停车视为增加政府收入的产业。

公共停车服务收费标准的确定是典型的行政行为，根据现代行政理念，政府在确定收费标准之时，还应遵循正当程序，其中最值得关注的是听证制度。通过听证程序，可整合信息公开、意见陈述、交流与吸纳等机制，达成一个尽可能既考虑到公众负担和经营者利益，又考虑到停车服务的提供和城市交通疏导，平衡各方利益的收费方案。

在南宁停车收费风波中，收费标准过高是公众最大的不满。2021年第一季度、第二季度，慧泊公司曾连续成为南宁市12315投诉受理量排名前十的经营主体。尽管相比于多数城市而言，该收费标准的绝对数值并非最高，但公众普遍的呼声，至少反映了当地公众对当前标准并不认可。

令人感慨的是，《南宁市车辆停放服务收费管理办法》于2022年9月进行修订，相关部门还针对修订公布了多达18个方面的解读。解读中提到，该办法的修订"按照重大行政决策和行政规范性文件管理的有关要求，书面征求市级相关部门和各城区、开发区意见，通过南宁市行政立法和决策公开征求意见平台和市发展改革委门户网站向社会公开征集社会意见建议，委托第三方进行了社会稳定性风险评估"。谁能想到，经多方听取意见，且进行了社会稳定性风险评估的新办法实施不到半年，就发生了舆论风波。

在经历停车收费风波之后，南宁市此番对道路停车收费方案进行调整，并聚焦于降低收费标准、延长免费时间、实行最高限价，反映了当地政府已经认识到之前方案的不合理及不被认可。虽然《南宁市停车场管理条例》对召开停车收费标准听证会并无规定，南宁市仍就此组织召开听证会，也应说明政府已经认识到听取公众意见的重要性，并有意听取与吸纳公众的意见。

此次南宁公共停车收费风波，影响不可谓不大，教训不可谓不深。当地政府就此召开新闻发布会，由市长亲自道歉，并随即对公共停车服务的经营主体、收费标准等进行调整，表明其认识到了问题的严重性，也反映了进行改善的努力。相信经过此次风波及相应的改革，当地的停车与收费问题会进入一个良性的循环，既可达成政策目标，也可被公众接受。

民生无小事，公共停车收费也是如此。从此次南宁的风波中，各地有必要对公共停车收费问题进行系统性反思。

除前文述及的对公共停车服务进行重新定位、依法公正确定经营主体、合理制订收费方案，还应公开关于公共停车收费的数额、去向等信息，考虑对欠缴停车费者可通过什么手段追缴和惩罚，并对具体经营者提供的服务进行全过程监督。而所有问题之基础在于，应明确城市公共停车服务的定位，是向市民提供的公共服务，而非用来谋利的产业。

就南宁而言，经历此次风波之后，需要调整的不只是停车收费方案，更有必要对现行《南宁市停车场管理条例》进行反思，适时进行修改和完善。

二十、任何一起公路塌方灾难，
都不是纯粹的自然原因导致的

2024 年 5 月 1 日凌晨 2 时许，广东梅大高速（S12）梅州往福建方向 K11 + 900M 处发生道路塌方。到 5 月 2 日下午，该起塌方事故已导致 48 人死亡，另有 3 人 DNA 待进一步比对确认。

对该起重大伤亡事故，各方面高度重视。事故发生后，各项救援工作立即展开；5 月 2 日，习近平总书记作出了重要指示，分管副总理根据总书记的指示和总理的要求，前往梅州市指导应急处置工作；5 月 4 日，记者获悉，塌方发生后，省政府即成立了以省长为组长的灾害调查评估组。

当地这段时间以来的超高降雨量应该是塌方的原因之一，数据显示，4 月 1—30 日，梅州市平均雨量打破了 4 月雨量历史纪录，达到常年雨量的 3.50 倍。

但是，无论降水情况如何，该起灾难都不是完全由降水导致的，我们甚至可以说，任何一起导致重大伤亡的公路塌方灾难都不是纯粹的自然原因导致的。作为一个多雨的南方区域，对降雨可能给公路带来的影响，原本在公路的设计、建设中应该有评估、有应对，确保公路建成之后可经受强降雨的考验。在公路开通之后的运营与养护过程中，同样应该对强降雨有准备、有预案，即使塌方本身无法杜绝，对塌方可能导致的后果也应该有预估，从而应该是可以防范和避免的。

从法律的层面，现行法律法规对公路的养护有着明确的规定。其中，《公路法》第三十五条规定："公路管理机构应当按照国务院交通主管部门规定的技术规范和操作规程对公路进行养护，保证公路经常处于良好的技术状态。"第六十六条规定："依照本法第五十九条规定受让收费权或者由国内外经济组织投资建成经营的公路的养护工作，由各该公路经营企业负责。"据此，公路管理机构或养护机构承担着公路的养护职责，本次灾难中，梅大高速公路系收费公路，其经营企业应该承担养护之责。

更具体地说，国务院制定的《公路安全保护条例》第四十七条规定："公路管理机构、公路经营企业应当按照国务院交通运输主管部门的规定对公路进行巡查，并制作巡查记录；发现公路坍塌、坑槽、隆起等损毁的，应当及时设置警示标志，并采取措施修复。"根据这一规定，养护责任主体需要建立巡查制度，对公路进行日常巡查，其目的无疑是及时发现隐患，避免灾难的发生。

遗憾的是，本次灾难中，相关主体对灾难的发生并无预警，也没有如法律所要求的那样，做到"保证公路经常处于良好的技术状态"。无论其原因是相关主体没有发现隐患，还是发现了隐患没有予以足够的重视，这都是一种失职。

人们可以以最大的善意，去设想灾难的发生是由于它的到来全无征兆。但就此次灾难而言，这种假设显然是不成立的。根据媒体的报道，相关路段"事发前三日有滑坡征兆"，网络公布的无人机拍摄视频也表明，事发路段路面裂缝众多，这恰恰说明，技术上，这一路段可能是不够安全的，至少是值得特别关注的。在这样的情况下，4月份以来的连续强降雨，应该足以让相关主体提高警惕加强防范。可恰恰在这样的情形之下，相关主体对灾难的发生没有预警，这足以说明，这一起灾难并不是单纯的自然灾害，而是有人为的因素在其中。

目前，相关国家机关已经成立了调查组，对灾难原因到底为何，相信会有一个让公众信服的结论。若有人需要承担责任，国家的追责机制也会启动，给往生者一个交代，给家属一份抚慰，给公众一份信心。

亡羊补牢，对于已然遭遇灾难的人们而言，特别是对那些无辜失去了生命的人而言，一切已经太晚。但是，若不做反思，不加整改，则可能让更多的人继续遭遇灾难甚至失去生命。在这个意义上，亡羊补牢仍然有着重要的意义。相关主体应该按照《公路法》《公路安全保护条例》等法律法规的要求，痛定思痛，真正把生命安全放在第一位，真正做到落实要求、压实责任，对公路进行有效的巡查、养护，及时发现险情隐患，即时进行养护维修，抢险于未发，防患于未然，尽量避免类似的灾难再次发生。

二十一、从风景区到"封"景区：
围挡山河合法吗？

从 2023 年"五一"小长假到端午小长假，不到两个月时间里，多家风景名胜区陆续被曝光修建围挡以阻止游客观赏景区美景，壶口瀑布、青海湖、梅里雪山、金沙江大拐弯等著名景区先后卷入其中。对此，相关景区提出了维护安全、保护生态、反哺村民等多种理由进行解释或辩解，但社会舆论对此多不予认可。

风景名胜作为自然和历史留给我们的财产，观赏是其天然的价值。相关景区管理机构和经营机构修建围挡以排除未购票者观赏景色，是否有正当理由？这样做是否符合法律设立风景名胜区的目的？在现行法律之下，如何做好美景共赏与经营收费之间的平衡？在人们参观游览风景名胜区的需求愈来愈强劲、各界对风景名胜区设置围挡现象质疑声浪不断升高的背景下，上述诸问题值得详加分析。

风景名胜区的设立目的

现行《风景名胜区条例》（以下简称《条例》）第二条规定，所谓风景名胜区，是指具有观赏、文化或者科学价值，自然景观、人文景观比较集中，环境优美，可供人们游览或者进行科学、文化活动的区域。

风景名胜是一种独特的、不可替代的自然或文化资源。《条例》第七条明确规定，设立风景名胜区，应当有利于保护和合理利用风景名胜资源。可见，设立风景名胜区至少有两大目的，一为保护，一为利用。其中，何谓合理利用，从条文字面上看，可以有多种解释，比如说满足大众的观赏需求、利用风景名胜收取相应费用等等，都属于利用的范畴。但是，若结合《条例》全文内容作体系解释，则收取费用本身并不能成为设立风景名胜区的直接目的。

首先，根据《条例》第二条对风景名胜区的界定，风景名胜区的价值包括观赏价值、文化价值或者科学价值三个方面，而收取费用，则不属于该三大价值的任何一方面；《条例》也没有其他条文规定风景名胜区具有或包括经济价值。

其次，在有关风景名胜区的利用与管理一章中，《条例》除了规定风景名胜区管理机构可出售门票之外，还明确规定了管理机构不得从事以营利为目的的经营活动。据此，风景名胜区管理机构尽管可按《条例》规定出售门票，但这一活动也不同于一般的经营活动。其出售门票收入与收取的风景名胜资源有偿使用费，只是一种补偿性的收费，用以弥补设立和运营风景名胜区的支出，服务于风景名胜区的观赏、文化或者科学三大价值。

最后，有关景区内的经营性活动，《条例》规定，风景名胜区内的交通、服务等项目，应当由风景名胜区管理机构依照有关法律、法规和风景名胜区规划，采用招标等公平竞争的方式确定经营者。经营者当然是以营利为目的的，但经营者不是景区本身，更不是管理机构。它们被引入景区，是为游客提供非强制性的商业服务的，经营性项目收费也不是风景名胜区设立本身的目的。

上述内容说明，《条例》尽管对设立目的的规定并不明确，但现有体系已足以表明，获取收入并非设立风景名胜区的目的，至少不是直接和根本目的。不仅如此，从常理看，一般公众都认为，风景名胜是祖国大好河山的一部分，作为一种自然或文化资源，它应该是全民共享的，而不是特定地方更不是特定机构所专有的。由此，风景名胜即应该服务于全民的需要，包括观光游览的需要，而不应服务于特定地方或机构的经济需要或营利需要。

当然，特定地方和机构，若利用风景名胜资源，吸引公众的关注，从而前往停驻游览，在当地自愿进行商业性消费，从而间接促进当地经济的发展，那是完全可行的，也不违背《条例》的规定。

修建围挡的官方理由成立吗？

风景名胜区设置围挡引发舆论关注之后，相关景区都提出了各自的理由。但总体上看，目前各景区所声称的理由，基本上都是站不住脚的。

2023 年 5 月 1 日，陕西省宜川县黄河壶口风景名胜区管理局发布情况说明，称修建围墙有两点考虑：一是该路段容易落石，在砌墙之前，游客可远眺壶口瀑布，但停留此地容易被落石砸伤；二是会阻碍交通，引发交通事故。按这一解释，修建围墙的目的是保证安全和缓解交通。但这一说法明显是站不住脚的，首先，解决落石问题，为何不从减少落石着手，而要"解决"可能被落石砸中的人？其次，若说是为了缓解交通，修建围挡是否更可能产生适得其反的效果？毕竟，即使修建了围墙，仍然会有人设法一睹胜景，围墙的存在反而使得停车时间更长。更何况，若为解决交通拥堵问题，何不于合适场地修建一些停车观景台，这样花费的钱比砌墙少得多了，也符合各国的通行做法。最后，或许从法律角度也是更根本的，鉴于围挡修建在公路旁，以上两项理由，不恰恰是交通部门的职责吗？为什么该职责由景区管理机构承担了？若是相关职责通过委托等形式进行了转移，那么有无相关手续？法律依据又是什么？

在云南梅里雪山景区，当地相关部门的工作人员对修建围墙的解释是，由于地方经济条件不好，对景点进行日常经营和维护的公司，与当地村委会签订了合同，需要旅游收益"反哺"村民。这一解释并未否认修建围墙的目的在于多收钱，但努力使这种行为正当化，即"反哺"村民。可问题在于，修建围墙行为与旅游收益如何分配，根本就是两个不同的问题，即便旅游收益的一部分是用来与当地村民共享，也不意味着修建围墙本身是正当和合法的。若所谓的"反哺"说可使得修建围墙行为正当化，那么"劫富济贫"便也是正当的。可在法治社会之下，"济贫"当然不能使得"劫富"正当化。不只如此，据相关媒体报道，当地还解释称，梅里雪山被"白嫖"了很多年，造成很多旅游资源流失，因此他们就将雪山景点委托一家公司做旅游经营。这种将整个景区或景点委托给公司经营做法，自然涉及由公司出售门票，这也违反了《条例》第三十七条有关"进入风景名胜区的门票，由风景名胜区管理机构负责出售"的规定。

青海湖周围 20 世纪 90 年代就围起铁丝网，据称，目前不通过收费景区已不可能到达湖边。根据相关方面的解释，修建围挡最初是牧民为了防止牛羊跑到别人家去，后来是出于生态保护的需要。相较而言，这一解释似乎更合理。可若作深究，这一理由仍然无法成立：若为防止牛羊乱跑，为什么恰好在沿湖修建铁丝网，并且沿湖都修建了铁丝网，而其他地方则没有如此严密修建？而所谓保护生态，只要有人类活动，就会对生态产生影响，现在除景区之外都修建了铁丝网，那么人流都集中到景区，对景区所在地的生态岂不是造成了更严重的影响？并且，要保护生态，是不是只有修建铁丝网这一途径？生硬地全域修建围挡，如何体现保护与利用的良好结合？更何况，修建围挡可能影响野生动物正常的迁徙和活动，甚至不时有野生动物因围挡而死亡的情形发生，如2016年2月20日，青海湖畔的海晏县甘子河乡、刚察县哈尔盖等地一次性就发现了7只国家一级保护动物普氏原羚死在草场围栏下或挂在围栏上，这是不是恰恰说明，围挡是破坏了生态而非保护了生态？！

修建围挡的真正原因

目前，多数被曝光景区在回应社会质疑时，都否认修建围挡行为与引导乃至变相强制游客购票进入景区进行消费有关。梅里雪山景区是个例外，它尽管也为修建围挡行为进行辩护，但并不否认修建围挡的目的在于多获取门票收益。就此而言，该景区至少是诚实的。

但即便诚实也并不意味着可正当化其目的。就如媒体所报道的：如今，连当地人都没想到，从小到大生活的金沙江景区附近，靠江一侧硬生生多了一面墙，昔日随时可以看到的雪山被 2 米多高的围挡遮蔽，啥也看不到。就连之前免费的 214 国道的观景台，也被铁栏杆围了起来，摇身一变成了需要收费的"封景区"。当一头雾水的游客还在犹豫要不要买票，旁边穿制服的工作人员便会立即上前驱赶，"要看就买票，20 元一张，不看赶紧走"！更绝的是，游客如果想用无人机拍摄雪山，借助高科技观赏山河秀色，抬眼就会看到禁止放飞无人机的警示牌；如果有人打算强行放飞无人机，就会有不明身份的人前来阻止。

稍有常识的人都能看出来，这些景区之所以修建围挡，其真正目的并不在于其所声称的安全问题、生态问题或反哺村民等等，而在于让人们无法未购票进入景区就可一览美景，这样，至少其中的一部分人就会前往景区购票，从而景区即可获取门票收入。简单地说，修建围挡就是为了钱。

景区通过修建围挡获取和增加收入可能涉及两种不同的情形。一种情形是，景区已被交给完全市场化的民营公司运营（无论合法与否），因此，通过修建围挡而直接增加收益的是作为景区经营主体的公司。另一种情形则是，景区由管理机构直接售票或交给当地政府控股的企业经营，此时，修建围挡的背后，是当地政府对景区经济收益的追求。有媒体曾报道，受委托经营梅里雪山景区的公司是梅里雪山国家公园开发经营有限公司，该公司由迪庆州旅游集团有限公司100% 持股，而迪庆州旅游集团则由国资控股的云南民族文化旅游产业有限公司持股51%、迪庆州财政局持股49%。明确此一链条即可知，在梅里雪山景区直接修建围挡的固然是一家公司，但站在其背后最终获取收益的却是地方政府。

从目前曝光的几个典型案例看，通过修建围挡以提高收益的景区，都位于经济相对不发达、对特定景区经济依赖较大的地方。并且这种依赖还往往体现于直接依赖景区的收入，而不仅仅是通过景区吸引游客，促进他们在当地的消费，从而带动经济发展。不只如此，这些设置围挡的景区在自身的经营上，也通常高度依赖门票收入及其他直接搭售的收入如景区交通费，而不如某些高度市场化的景区一样开展多样化经营。从某种意义上来说，地方经济较弱、对特定景区收入依赖大、景区经营高度依赖门票是出现修建围挡现象背后的但更重要的原因。

打开心墙，美景搭配诚心方能赢得人心

我们可以理解地方政府对经济发展的追求，甚至也可以理解一些地方财政的窘迫和对景区门票收入的迫切需求。但通过修建围挡迫使游客购票进入景区游览的做法，实在是一种缺少远见、没有格局的短视行为，这种做法本质上是在杀鸡取卵、竭泽而渔，迟早将反噬地方经济。因为，河山再壮丽、景色再优美，如果没有人心相匹配，景区一切只向钱看，那么，游客不会玩得舒心，下次不会再来，本次也可能

匆匆离去；过客被围挡伤透了心，也不会成为真正的游客。当这些游客或过客离去并扩散至全国各地之后，这些修建围挡的景区乃至所属地方，与美景一起传播的不是它们的美名，而是"杀猪""宰客"的恶名。如此一来，一段时间以后，将不会有更多的人前来旅游、消费，相关景区和所属地方也必然面临空有美景却无客来游、欲取卵而无鸡可杀的局面。

拥有如画美景，是大自然对一个地方的馈赠。若相关地方和机构能采取与前述杀鸡取卵做法相反的思路，对美景善加利用、诚心待客，景美人更美，则可产生让游客宾至如归、流连忘返的效果。这样，每一位游客都可能成为当地的义务宣传员，当地的知名度与美誉度也将不断提升，更多的游客将前来消费。久而久之，旅游业本身也可能不再单纯依赖门票收入，游客的增多、停留时间的延长、消费的增加，已经足以让地方经济和财政受益，地方旅游业也可进入一种良性循环的状态。

事实上，一些旅游业发达的地方，已经开始尝试放弃门票经济的思维，甚至直接取消景区或景点门票，而着力于促进游客前来景区或城市进行餐饮、住宿、游乐、购物等方面的消费，取得了显著的成效。比如杭州市自2002年起，便取消了西湖周边大部分景点的门票，实行免费游览，这一举措从表面上看是损失了门票收入，但实际上却对旅游经济乃至地方经济的发展起到了巨大的作用。相关数据显示，2002年，杭州旅游总人数为2757.98万人，旅游总收入为294亿元；而2019年，杭州全年接待游客近2.0276亿人次，实现旅游收入近4236亿元。其中得失损益，局中人最是了解。

或许，当前曝光出修建景区围挡的地方都有其不得已之处，都处于经济发展和旅游业发展的某一个特定阶段，也或许是因为获取经济收入的迫切需求让相关机构一时迷了眼。但无论如何，在景区及周边修建围挡的做法都是短视和不得人心的，也违反了法律规定，最终会伤及当地经济。相信，随着社会与经济的发展，随着眼界的放宽，也随着社会各界的监督与呼吁，这些地方迟早会算清这笔账，不负河山，作出有利于当地长远发展的正确选择。

二十二、关于"死不起"：
医院是否可以将太平间外包？

2022 年 4 月，北京市民邓先生将家人遗体送到北京大学第三医院太平间暂存三天，被收取了 28 项共计 3.8 万元费用。这些费用中包括"礼仪服务"3990 元，"沐浴 SPA 服务"5990 元，"起灵金光大道"1300 元，寿衣 6800 元，各类鲜花 10000 余元，"供饭服务"600 元。

对于上述舆情，北医三院回应称，该院太平间系由北京天堂祥鹤殡仪服务有限公司承包经营，费用系该公司收取。医院已成立专门小组，积极配合政府有关部门进行深入调查，按要求坚决整改。

北医三院的回应坐实了医院太平间外包经营的传闻，也撇清了自己的责任。但是，如此名目繁多的高额殡葬费用，法律上有问题吗？公众为何不满？特别是，为何舆论会将矛头指向涉事医院？医院可以外包太平间吗？要回答上述疑问，需对该事件中涉及的殡葬服务收费所涉法律问题逐一进行分析。

事件所涉殡葬服务收费属于政府定价和指导价范围吗？

公众的疑问首先在于：事件中所涉高昂收费，难道就没有统一标准吗？此问题实际上涉及相关殡葬费用是否属于政府定价或指导价问题。按照《价格法》第十八条、第十九条规定，对于某些商品和服务价格，政府在必要时可以实行政府指导价或者政府定价，其定价权限和具体适用范围，以中央和地方的定价目录为依据。根据 2018 年公布的《北京市定价目录》，下列殡葬服务收费在目录范围内：1. 殡葬基本服务收费，包括遗体接运费、存放冷藏费（含医院太平间）、火化费、骨灰存放费（民政部门提供的除墓地外的骨灰存放服务）；2. 殡葬其他服务收费，包括有偿服务公墓墓穴租赁费、管理费，遗体整容、遗体防腐、吊唁设施及设备租赁等延伸服务；3. 回民殡葬基本服务收费。

为加强殡葬收费管理，北京市民政局于 2018 年 9 月 12 日下发《关于进一步做好殡葬服务收费和管理工作的通知》，其中再次明确，前述"定价目录"规定的 9 类殡葬服务由政府定价或者施行政府指导价，由相关部门按照公益性原则，根据财政补贴情况从严核定，并适时调整。除此之外的其他殡葬服务收费标准，由殡葬服务单位根据生产经营成本和市场供求关系，依法自主制定具体收费标准。

由此可见，本次"天价殡葬费"事件中涉及的收费项目，并非在上述定价目录的范围之内，因而是属于实行市场调节价的项目，理论上可由市场主体自主制定收费标准。

实行市场调节价的殡葬服务，经营者即可任意定价吗？

答案是否定的。

《价格法》《消费者权益保护法》等多部涉及价格管理的法律，都对此进行了规范。《价格法》第七条规定，经营者定价，应当遵循公平、合法和诚实信用的原则。此次事件中，消费者对殡葬收费项目、收费标准都没有讨价还价的余地，因此定价难言公平。而其中收费的数额，更不符合一般人的认知。《消费者权益保护法》第二十六条第二款规定，经营者不得以格式条款、通知、声明、店堂告示等方式，作出排除或者限制消费者权利、减轻或者免除经营者责任、加重消费者责任等对消费者不公平、不合理的规定，不得利用格式条款并借助技术手段强制交易。虽然，根据《民法典》的规定，"格式条款是当事人为了重复使用而预先拟定，并在订立合同时未与对方协商的条款"，而在本次事件中，形式上看并不存在一个严谨的格式条款，但实际上，其中所蕴含的收费条款，是经营者单方所预先确定、反复使用的，消费者除了可选择接受或不接受服务之外，没有协商和选择的余地，因此，该条款符合格式条款的要件。在此情形下，本事件中经营者的行为排除了消费者的知情权、选择权，对消费者是不公平、不合理的，违反了《消费者权益保护法》第二十六条第二款的规定。

在法律层面之外，相关行政机关的规范性文件对殡葬收费问题也有规定。比如，国家发展改革委、民政部《关于进一步加强殡葬服务收费管理有关问题的指导意见（发改价格〔2012〕673 号)》就提出，"要引导群众理性消费和明白消费，不得违反公平自愿原则以任何形式捆绑、分拆或强制提供服务并收费"，而本次事件中所涉收费，恰恰不是群众自愿选择的项目，不符合"理性消费和自愿消费"的要求。

另外，《北京市民政局关于进一步做好殡葬服务收费和管理工作的通知》中还规定，各殡葬服务单位要"认真执行收费公示制度，在服务场所显著位置公布……，不得收取任何未予标明价格的费用"。本次事件中涉及的收费，并未在相关场所公示，因此也违反了上述规范性文件的规定。

相关执法机关严格依法行政了吗？

本次事件于 2022 年 4 月 8 日被媒体曝光之后，北京市市场监管执法总队会同海淀区执法大队立即出击，当天上午即赴实地检查，对殡仪服务收费情况进行核实，现场调取了相关收费证据材料。并明确，下一步将成立联合调查组，对涉案公司立案调查，尽快查清违法事实，并依法从快从严查处。在此意义上，执法机关的反应不可谓不快；就此单个案件而言，目前为止，执法机关的行为并无违反法律规定之处。

然而，问题还在于，此次事件的曝光并受到关注，并非因为此种情况是偶发或罕见的，恰恰相反，公众的不满甚至愤怒在于，这种现象是早有存在的，并且相当普遍。比如，媒体就查出，涉事公司除在北医三院外，还在其他医院承包太平间提供相关服务，甚至还曾与房山区殡葬中心签订"战略合作框架协议"。而该公司的违法行为也是有前科的，其在 2017 年就因提供遗体整容服务存在违规收费，受到罚款 12000 元的处罚，并被没收违法所得 10750 元。同时，殡葬领域的类似违法行为并非只有在该公司存在，早在 2014 年，就有媒体报道称：记者调查发现，逝者还未火化，仅在医院太平间就要花费数千甚至数万元，让不少家属感叹"死不起"。一家名为八宝山盛轩殡仪公司打着八宝山殡仪馆的牌子，承包了 9 家医院的太平间，一年收入千万元。

面对这种早有存在且并非偶发的违法情形，执法机关是否并不知情？是否做到了"有案必查"？是否进行了系统追查？这些都是值得追问的。作为个案而言，本次事件中执法机关的反应是快速的，但若类似的查处都要等到"舆情爆发"之后，那么执法机关只能是被动地执法，无法有效解决该领域违法的现象。也因此，执法机关的执法是有较大提升空间的。

殡葬服务收费应该全面实行政府定价或政府指导价吗？

如前所述，事件所涉之收费项目属于市场调节价格范围，这似乎让经营者的收费有了天然的合法性。但是，我们还可以设问，既然对于政府定价或指导价部分，经营者并没有违法收费，这说明政府定价或指导价是遏制"天价殡葬费"的有效手段，那么，为什么目前只有 9 项殡葬服务收费纳入定价目录的范围呢？殡葬服务收费的政府定价、指导价与市场价之界限又在哪里？

《价格法》第十八条对可实行政府定价或政府指导价的商品和服务价格作了规定，包括：（一）与国民经济发展和人民生活关系重大的极少数商品价格；（二）资源稀缺的少数商品价格；（三）自然垄断经营的商品价格；（四）重要的公用事业价格；（五）重要的公益性服务价格。总体上，这些事项具有公益性、垄断性、稀缺性、重要性等特征。而相关商品或服务到底是否实行政府定价或指导价，则由有关行政机关通过"定价目录"确定。具体而言，系由国务院价格主管部门制定、修订，报国务院批准后公布的"中央定价目录"，以及由省级人民政府价格主管部门制定，经本级人民政府审核同意，报国务院价格主管部门审定后公布的"地方定价目录"确定。

按《价格法》的规定，"国家实行并逐步完善宏观经济调控下主要由市场形成价格的机制"，"大多数商品和服务价格实行市场调节价，极少数商品和服务价格实行政府指导价或者政府定价"。换言之，当前的商品和服务价格，实行市场调节价是原则，实行政府定价或指导价是例外；只要可实行市场调节价的，就应该实行市场调节价。

但是，应该明确的是，市场调节价是有前提的，即其是通过市场竞争形成的价格。没有竞争，谈不上市场，也就谈不上市场价格，对于那些不能进行有效市场竞争的商品或服务的价格，就不宜实行市场调节价，即便实行了，也是虚假的市场调节价。

就殡葬领域而言，其中的大部分商品，在可自由使用的前提下，是可以实行市场调节价格的，比如骨灰盒、寿衣等等。但实践中，一些殡葬物品的使用，是受到相关经营者的实际限制或影响的，比如，逝者家属选择了一家殡仪馆后，即很难使用自购的寿衣、花圈等物品。而大部分殡葬服务，由于其天然的特殊性，消费者往往只有选择哪家经营者的余地，一旦选择，就只有接受其服务项目或仅能在其提供的受到严格限制的范围内（如套餐内）作出选择，甚至在一些地方，殡葬经营本身也是垄断的，公众并无选择的余地。

由此可见，殡葬领域的商品和服务，不同于一般商品与服务，可以完全实行通过市场竞争形成的价格。因此，相关行政机关在确定该领域商品与服务是否实行政府定价或指导价时，必须慎重考虑其非竞争属性。就如国家发展改革委、民政部在《关于进一步加强殡葬服务收费管理有关问题的指导意见》（发改价格〔2012〕673 号）中所指出的，对殡仪馆销售的骨灰盒、寿衣、花圈等殡葬用品价格，"可根据本地区情况依法纳入地方定价目录，实行政府指导价或其他必要的价格管理方式"。

医院可以将太平间外包吗？

此次事件，舆论关注的焦点，不仅在于"天价殡葬费"，还在于事件出自代表最高层级医疗水平的三甲医院之太平间。在人们通常的观念中，三甲医院本来应该是救死扶伤的地方，太平间则是人作为人生死分隔的场所，现在它们却与天价费用紧紧关联，一定意义上，这颠覆了人们对前两者应有定位的认知，因而，才让类似事件更吸引人们的眼球。有网友认为，即使收费单位是医院的外包公司，医院同时也有监管责任。"放任承包方收黑心钱，作为管理方责任更大，相当于医院'背书'了。"

在这背后，更彻底的疑问在于，为什么医院太平间可以用于外包并进而被用于收取高昂的，甚至带有一定强制性的费用？换言之，若无医院太平间的外包，即便存在这样的天价收费，人们在众多的殡葬经营单位之间也会有更多的选择余地。那么，医院太平间外包是否有法律依据呢？

目前，法律并没有对太平间的外包作出明确的禁止性规定。尽管如此，太平间（特别是公立医院的太平间）外包用以逐利，本身是存在问题的。

首先，《基本医疗卫生与健康促进法》第三条第二款规定，医疗卫生事业应当坚持公益性原则。太平间是医院的组成部分，被外包之后，往往实际上用于经营性活动，甚至如本次事件中一样，被用于违法收取天价殡葬费，这无疑与立法所要求的"公益性原则"是不相符的。

其次，《基本医疗卫生与健康促进法》第三十九条规定，医疗卫生机构不得对外出租、承包医疗科室。太平间虽然不属于医疗科室，但它们都是医院的组成部分，因而都直接或间接地服务于医疗卫生这一目标。出租、承包医疗科室会带来的问题，出租、承包太平间一定程度上都会存在。在此意义上，太平间外包与《基本医疗卫生与健康促进法》第三十九条的立法精神是不相符的。

最后，医院太平间外包与相关政策导向不符合。2018 年民政部等 16 部门联合印发的《关于进一步推动殡葬改革促进殡葬事业发展的指导意见》，其中明确提到"严禁在太平间开展营利性殡仪服务"。相关主体承包医院太平间，自然是为了开展经营性活动，而非从事慈善活动。由此，医院对外承包太平间，实际上也违反了上述文件的规定。

可见，医院对外发包太平间，尽管法律没有予以直接禁止，但至少是违背法律精神、违反相关规范性文件要求的。事实上，也有地方在禁止太平间外包方面作了尝试。如 2013 年，天津市民政局联合市卫生局等部门下发通知，叫停个体户承包医院太平间从事殡葬业务，并规定所有医院太平间交由民政部门集中管理。

总而言之，医院太平间的外包经营，可谓是此次天价殡葬费事件的症结所在。若对太平间对外发包现象不加以规范，则此次舆情平息之后，自然会有下次类似舆情再次出现。外包不止，则舆情迟早再起，群众利益得不到有效维护，医院等相关单位也会忙于应付。为维护公众利益计，为树立医院形象计，为规范经营行为计，医院太平间外包行为都应予以制止。

二十三、遏制殡葬服务机构的营利冲动

2024 年 1 月初，信用中国网站公布了仙桃市殡葬管理所因在销售骨灰盒过程中存在价格违法行为，被当地市场监督管理部门依据《价格法》和《湖北省价格条例》处以罚款 10 万元的消息。在当前经济与法律环境下，一个单位因存在违法行为而被罚款 10 万元，本属寻常可见，并无特别之处，但本案却因被处罚主体及其违法行为的特殊性，引起了各界的广泛关注。个中缘由，值得深究。

殡葬管理所并非因高价销售骨灰盒本身而受处罚

本案行政处罚决定书并未完整公开，据目前的信息，可以确认的事实包括当事人销售骨灰盒的数量、比例、金额、进销差价率等。"2021 年 1 月 1 日至 2022 年 12 月 31 日，当事人（仙桃市殡葬管理所）共火化尸体数 22387 具，销售骨灰盒 21109 只，骨灰盒销售占比达 94%"；"销售金额共计 15761710 元，其中：2021 年度骨灰盒 10456 只，金额 8401530

元；2022 年度骨灰盒 10653 只，金额 7360180 元。当事人销售骨灰盒，进销差价率在 100%—588.46%，最低进销差价率 100%，如松鹤楼和彩云这两种骨灰盒（进货价 50 元，销售价 100 元），进销差价率最高的 588.46%，如仙游宫这款骨灰盒（进货价 260 元，销售价 1790 元）"。

需要注意的是，仙桃市殡葬管理所之所以受到行政处罚，并非因为高价销售骨灰盒本身，而是存在与此相关的其他违法行为。市场监督管理机关认为，该殡葬管理所的行为存在以下违法之处：当事人在丧户信息不对等的情况下，引导丧户在馆内购买骨灰盒和其他丧葬用品，违背丧户意愿，变相强制交易，（迫使）相对人接受交易服务价格。换言之，殡葬管理所的违法行为之处并非在于高价销售骨灰盒，而在于"变相强制交易"，该行为违反了仙桃市《市发展改革委关于殡葬服务收费标准及有关问题的通知》（仙发改价格〔2019〕308 号）的相关规定："二、你单位在实施服务和收费前，应向群众提供服务清单（手册），说明服务项目、服务内容和收费（价格）标准等有关情况，由丧户自愿选择，并与丧户签订服务合同（协议），要依约履行服务，不得违反公平自愿原则以任何形式捆绑、分拆或强制提供服务并收费。"

然而，仙桃市《市发展改革委关于殡葬服务收费标准及有关问题的通知》仅仅是规章以下的行政规范性文件。单纯违反行政规范性文件并不必然构成违法行为，行政机关也不可单纯依据行政规范性文件对相对人进行处罚。欲作出行政处罚，还需要有上位法的依据。

市场监督管理局做对了什么以及还应该做什么

公开披露的信息表明，殡葬管理所作出行政处罚的依据是《价格法》和《湖北省价格条例》，但并没有明确具体是依据哪个条款进行处罚的。为进一步确定本案的问题所在，需要对此予以进一步的分析。

在确定了被处罚的违法行为之后，欲明确处罚的具体依据，就有必要明确殡葬管理所的性质。"殡葬管理所"这一名称已经揭示，其并非一般的经营性市场主体，而是具有管理职能的机构，信用中国网站所披露的信息也表明，该殡葬管理所是在事业单位登记管理机关登记的"事业单位"。同时，殡葬管理所也具有部分的经营性职能，从事一些经营性活动，如销售骨灰盒，因此其也属于《价格法》第三条所规定的"经营者"，即"从事生产、经营商品或者提供有偿服务的法人、其他组织和个人"。

然而，即便是作为经营者，殡葬管理所开展的经营性活动也不同于一般的市场经营活动，而是特殊的与殡葬相关的商品销售与服务活动。相应地，其所销售的商品与开展的服务，在价格上有些属于市场定价，有些则属于政府定价或政府指导价。就仙桃市所在的湖北省而言，现行《湖北省定价目录》对殡葬基本服务（包括遗体接运、存放、火化、骨灰寄存服务）实行政府定价，其收费标准授权市（州）、县人民政府制定。而根据仙桃市《市发展改革委关于殡葬服务收费标准及有关问题的通知》，骨灰盒销售既不在政府定价范围之内，也不在政府指导价范围之内。

基于上述事实，在《价格法》法律责任部分涉及罚款的五个条文中，本案唯一有可能涉及的条款是第四十五条，即对违反本法第十四条行为的罚款；而在《价格法》第十四条中，与高价销售骨灰盒行为相关的是第七项所规定的"违反法律、法规的规定牟取暴利"。但依据该条，"牟取暴利"的行为需要有其他法律法规的规定。

在地方性法规《湖北省价格条例》中，第二十一条规定："行政事业性收费单位和实行政府定价的经营服务性收费单位，应当在收费场所显著位置公示收费项目、标准和依据，不得有下列行为：（一）不按照规定标准或者执行时间收费；……"结合披露的违法事实，本案中，市场监督管理机关最有可能以当事人违反《湖北省价格条例》第四十五条的规定（"行政事业性收费单位违反本条例第二十一条规定的，由价格主管部门责令停止违法行为，限期退还违法收取的费用；无法退还的，予以没收，对收费单位处违法收取费用一倍以下罚款"）为由，作出了罚款 10 万元的处罚。至于

《湖北省价格条例》第四十一条规定的对经营者变相强制交易行为的罚款，需以"逾期不改正"为前提，而本案中公开披露的信息并未显示有责令改正而逾期不改正的情形，在此前提下，根据本条进行罚款的可能性不大。

综而言之，本案中市场监督管理机关认定了当事人高价销售骨灰盒的事实，公开了其进销差价率高达100%—588.46%，并认定，"由于殡仪馆是一个特定的相对比较封闭的场所，丧户都处于一种悲痛的情绪之中，不可能对丧葬用品进行讨价还价"，因此此种违法行为系"变相强制交易""（迫使）相对人接受交易服务价格"，进而以违反规范性文件的规定为由对此进行了行政处罚。尽管这种事实认定、性质确定与处罚依据之间的逻辑关系有点让人觉得"晕乎"甚或混乱，但考虑到当前法律对高价销售骨灰盒的行为并没有明确具体的规定，而社会对整治殡葬服务行业乱象的呼声很高，更考虑到殡葬管理所有别于一般市场主体的特殊地位，市场监督管理机关在本案中所作处理未尝不是一种相对有效的策略，殊属不易，值得肯定！

但遗憾仍然存在。本案中市场监督管理机关对当事人处以罚款10万元，固然在法律规定的范围之内。但正如相关评论所指出的，对将骨灰盒卖出"天价"、一个县级殡葬服务机构两年就非法牟利逾千万元的违法行为，执法不应"挠痒痒"。否则，面对如此轻微的违法成本，当事人不仅不会吸取教训，还可能带来负面的效应：即便被处罚了，违法行为仍然可以带来巨额收益，为什么不继续违法？

不仅在罚款上不应如此"挠痒痒"，无论按照《价格法》还是《湖北省价格条例》的规定，对于此种违法行为，都应该退还违法收取的费用或没收违法所得。但在本案中，若非披露的信息有误，则市场监督管理机关仅仅对违法者作出了与非法所得完全不匹配的罚款处罚，而并未对高额违法所得依法予以没收。

为什么殡葬服务行业乱象层出不穷？

生老病死是自然规律，死亡是谁也无法逃脱的人生结局；生养死葬，则是我们的文化与礼仪中的重要组成部分。于特定的文化背景之下，殡葬服务行业是一个特殊的行业：一方面，社会离不开殡葬服务行业，需要它所提供的服务，唯此，逝者可得安息，生者可得慰藉；另一方面，由于人们对死亡及殡葬的忌讳，该行业承担着特别的压力。也在此基础上，殡葬服务行业不是市场主体可自由、充分竞争的一般行业，而是具有公共服务性质的行业。

但恰恰在殡葬服务行业，以牟取暴利为突出表现的乱象可谓此起彼伏、层出不穷。比如，本案所揭示的变相强制交易，暴利销售骨灰盒的现象，在许多地方都有存在。有的殡葬服务机构对自带骨灰盒的丧属甚至不予提供骨灰装填服务。而就在作为本案处罚依据之一的仙桃市发展改革委《关于殡葬服务收费标准及有关问题的通知》（仙发改价格〔2019〕308号）中，便赫然将火化分为"普通炉"与"拣灰炉（高档炉）"，其收费标准分别是530元和960元。的确，现实生活中人们的境况和待遇是不同的，但死亡之后，在遗体火化这个环节，又有何理由作出如此区别对待？不都是遗体吗？难道普遍炉火化连灰都不捡吗？

2023年4月，湖北省民政厅、发改委、市场监管局印发的《深化殡葬服务领域突出问题专项治理工作实施方案》也揭示，当前殡葬服务领域问题众多，其中突出的问题包括6个方面：殡仪馆设置明显不合理收费项目；殡仪馆随意拆分项目，变相捆绑或强制提供服务；殡仪馆骨灰盒等丧葬用品价格虚高，财务管理不规范；殡仪馆工作人员索要、收受逝者家属财物；乡镇和农村公益性公墓向非本地村（居）民提供安葬服务并收费；乡镇和农村公益性公墓未严格执行价格政策，财务管理不规范。

殡葬服务行业的乱象，并不限于一时一地。一定程度上可谓是各地皆然的顽疾，是全行业的问题，其中商品和服务价格高昂是尤其突出的问题。以墓地价格为例，根据钛媒体的调查统计，在北上广深4个一线城市中，按照每一块墓地1平方米计算，北京及广州墓地的平均价格在7万元左右，上海墓地的平均价格在11万元左右，深圳墓地的平均价格高达 15 万元左右。

殡葬服务行业的乱象还导致了腐败现象的出现。本案所涉及的仙桃市殡葬管理所，不仅高价售卖骨灰盒，其个别工作人员还利用职权之便，索要并收受逝者家属的财物，当地发布的信息显示，仙桃市民政局整改了 42 个问题，问责处理了 4 人。而在广东，已入狱的广州市花都区殡仪馆前馆长曾经表示："丧葬品利润可达 150%。毕竟光是工人薪水，一个人每月都要七八千，再加上民政局有时也要搞活动的，也要去殡仪馆拿钱，所以整个行业现状就是这样，吃回扣是不可避免的。"

为什么殡葬服务行业会如此集中地出现这些乱象？首先，它与我们的殡葬文化相关。在以殡仪馆为代表的生离死别的特殊场合，逝者家属沉浸于悲痛之中，通常没有进行讨价还价等市场博弈行为的心情。正如本案中市场监督管理机关所提及的"因为殡仪馆是一个相对封闭的场所，丧户来这里都处于一种悲痛的情绪中，不可能对丧葬用品讨价还价"。于是，一些殡葬服务机构就借此趁火打劫，高价销售商品，高额收取服务费用，甚至收取本不应该收取的费用。

但更重要的，这种乱象的出现是由于殡葬服务行业的特殊地位。特别是如火化这样的基本殡葬服务，其垄断性是客观存在的，《殡葬管理条例》也明确规定，任何单位或个人未经批准，不得擅自兴建殡葬设施。在垄断的前提下，对于死者家属而言，接受殡葬服务意味着没有选择的余地，一些殡葬服务机构也放纵自己的营利冲动，不仅对基本殡葬服务借机牟利，对周边相关服务也通过变相强制交易等手段牟取非法利益。

对殡葬服务行业应该进行严格的规制

一个行业，当其为人们的生活所必需，市场机制又不能有效提供相关商品与服务的时候，就具有了公共服务的性质。公共服务包括基本公共服务和非基本公共服务，据国家发改委相关负责人在《"十四五"公共服务规划》发布会上的意见，基本公共服务是保障全体人民生存和发展基本需要的公共服务，政府承担保障服务供给的主要责任。而基本殡葬服务恰恰是人们生活所必需的且市场无法有效提供的服务，属于基本公共服务。

根据这一定位，要遏制殡葬服务行业和殡葬服务机构的营利冲动，遏制殡葬服务领域的乱象，就有必要通过加强立法等方式与途径，对殡葬服务行业进行重新定位，对监管框架进行重新构建，由政府切实承担起保障基本殡葬服务供给的主要责任，并对行业服务行为进行严格、有效的规制。

1. 对殡葬服务进行重新定位，明确其公共服务性质

无论是制定专门的"殡葬法"，还是健全与完善当前行政立法，殡葬立法的目的，除了《殡葬管理条例》第一条所

明确的"加强殡葬管理，推进殡葬改革，促进社会主义精神文明建设"外，都应将提供基本的殡葬公共服务作为立法目的。

2. 合理界定基本殡葬服务的范围，并实行政府定价或指导价

只要是不可能进行有效竞争，又为人们所必不可少的殡葬商品或服务，都应该纳入基本殡葬服务范围。对骨灰盒这样的特殊产品，尽管人们可以从市场选择更符合其需要的产品，但对基本的骨灰盒，亦应纳入基本殡葬服务范围。

基本殡葬服务范围内的商品与服务，由于其缺少必要的市场竞争，且无法避免非市场因素的影响，故实行市场价的条件并不成熟。正因如此，对这些商品和服务，都应该实行政府定价和政府指导价，避免一些不法殡葬服务机构趁火打劫、漫天要价，侵害人们依法获取基本公共服务的权利。

3. 适时确立殡葬基本保障制度

对基本殡葬服务范围内的特定商品与服务，可借鉴"最低生活保障"的做法，实行免费的"最低死亡保障"。比如，对于遗体运送、遗体火化、最基本的骨灰盒、最基本的墓地等，实行国家兜底，免费提供，避免"葬不起"的悲剧在我们的社会出现。其中，对保障范围内的墓地，应调高当前常见的 20 年使用年限，以符合我们的死亡与殡葬文化。

当然，对于殡葬服务与商品实行国家保障，并不排除市

场的参与，死者家属如无意接受国家提供的"最低保障"，也可从市场上购买相应的商品与服务。

4. 保障基本殡葬服务从业人员的待遇

殡葬服务行业是特殊的行业，从事该行业的人员，相较于一般行业承受了特别的压力。因此，有必要对从业人员的待遇进行保障，保证其待遇适当高于社会平均水平。比如，在基本殡葬服务机构依法获取的收入不足以达到法定的标准时，由财政予以补贴。

5. 对殡葬服务行业的违法行为予以严厉查处

在明确殡葬服务行业规则的基础上，对该行业出现的违法行为，需要依法予以严厉打击，避免"罚款十万、获利千万"的荒谬现象再现，让违法者不能因为违法行为而得利，从而最大限度地遏制殡葬服务行业为营利而不择手段的乱象。

第四章

公共治理的任务确定与手段抉择

- 二十四、文明城市创建，离不开规范文明执法
- 二十五、谁可以决定全域全时段禁放烟花爆竹？
- 二十六、烟花爆竹的"禁"与"限"应在法治基础上平衡
  各方利益
- 二十七、"阻春耕"背后，"增补承包费"的实质是行政权
  力与民争利
- 二十八、"的姐"年满50周岁被注销从业资格证的法与理
- 二十九、"网约车新规"或重创出租汽车行业创新
- 三十、警惕"网约车新政"潜在的负面影响
- 三十一、不要便于监管的网约车，
  就要面对难以监管的黑车
- 三十二、造就清朗的城市天际线，
  需要采取合法的行政手段
- 三十三、"散乱污"治理可以"一刀切"吗？

二十四、文明城市创建，
离不开规范文明执法

2023 年 2 月 11 日，三亚市吉阳区一个 9 岁男孩在自家超市门口的书桌上写作业时，四五位城管执法人员突然上前，把男孩驱离，将桌椅收走。该事件引起舆论关注后，相关部门进行了多轮回应。吉阳区宣传部人士在接受采访时称，该商户多次违反"门前三包"责任，不存在暴力执法行为。"我们每次都提前告知，我们一般都是先教育，如果你多次不配合的话，我们才处罚的，我们都是文明执法的。"三亚市综合行政执法局吉阳区分局最初回应称，店铺门口不能摆放东西，店主已经超出店外经营，"屋檐下也算超出店外，要干净整洁，执法队员看见了就会直接整治收走"，并称店主后续可以带上身份证到固定地点进行处理。三亚市综合行政执法局则回应称，目前全市都在开展文明城市创建活动，商铺黄线外面一般不允许摆放东西。

但舆论似乎并没有接受相关部门的解释，而是继续提出了批评性意见。在此形势下，吉阳区综合执法分局于2023年2月14日发布"情况通报"，称高度重视该事件，第一时间成立调查组，对视频反映的相关问题进行核查。"通报"承认，在处理当事人经营的超市落实"门前三包"的过程中，存在简单执法行为；称已对相关执法人员进行了严厉的批评教育，责令其于当日11时上门向当事人诚恳道歉；表态将深刻汲取教训，举一反三，在城市管理过程中更加注重方式方法，坚决杜绝此类事件再次发生。

吉阳区综合执法分局的"情况通报"，无论是基于舆论压力，还是基于自身的深刻认识，都是对之前回应的否定，不再坚持当事人的行为是违反"三包"规定的店外经营行为，不再强调自身行为是文明执法。然而，要真正回应公众的质疑，降低该事件对三亚市文明城市建设的负面影响，必须根据事件中的事实和相关法律规定，明确其中的法理问题，追根溯源，厘清问题本质，让相关主体真正认识到事件的根本所在，并以虚心诚恳的态度采取措施解决这些问题，如此方可让公众信服。

当事人的行为违法吗？能进行处罚吗？

讨论本案中执法人员的行为是否有违法或不文明之处，首先要明确当事人的行为本身是否违法。如果当事人的行为不存在违法之处，则执法人员之行为自然属于违法。我们先假设，事件中置于店铺门外的桌椅是店主而不是当事儿童摆放的，因为如果系9岁儿童摆设，则因其未满14周岁，其行为不具可罚性，执法人员不应对其进行"执法"，而仅可责令监护人加以管教。就此，与本事件相关的法律规范和文件主要包括有《海南省城乡容貌和环境卫生管理条例》。

《海南省城乡容貌和环境卫生管理条例》第十九条第四款规定：城市建成区内的主要街道、广场周边经营者不得违反市、县（区）、自治县人民政府规定，超出其经营店的门、窗进行店外经营、作业或者展示商品。违反规定的，责令改正，处50元以上300元以下的罚款。据此，若本案中当事人有超出店铺门、窗进行经营的行为，则属于违法且可受处罚。然而，本案中当事人进行的系在门外摆设桌椅供孩子写作业的行为，并非经营性行为，因此该行为并不在《海南省城乡容貌和环境卫生管理条例》第十九条第四款所规定的可予处罚的事项范围内。

案件中，相关部门称，涉事商户多次违反"门前三包"责任。那么，该商户的行为是否因违反了"门前三包"规定而应受处罚呢？2017年，三亚市人民政府曾发布的规范性文件《"门前三包"责任制试行办法》，其第三条规定，当事人不得出店经营，不得违法占用道路、公共区域进行生产加工、摆摊设点、设置广告牌、宣传促销、堆放杂物等活动。然而，上述"试行办法"已于2021年经《三亚市人民政府关于废止、宣布失效、修改部分行政规范性文件和公布现行有效行政规范性文件的决定》（三府规〔2021〕26 号）附件 2 宣布失效，经查三亚市相关网站，也并未见公布有关"门前三包"方面的新规范性文件。并且，即便上述"试行办法"并未失效，事件中当事人的书桌是否占用公共区域或道路也有待进一步明确，该"试行办法"也并未对此种行为设定罚则。更何况，作为一般规范性文件的"试行办法"根本就没有权限设定行政处罚。

通过上述分析可以明确，本事件中当事人在门外放置书桌供孩子写作业的行为，即便占用了公共区域或道路，也并不构成严格意义上的违法，更不能对其进行处罚。

收走课桌椅是什么性质的行为？

事件中执法人员收走桌椅的行为属于履行职责进行执法的行为并无疑问，但为确定该行为的合法性，还需要进一步对其属于何种执法行为、应受什么法律规范调整进行明确。

对此，有人认为该行为是处罚行为。若将行政处罚视为发现和调查违法事实并作出处罚决定的完整过程，则该行为当然与行政处罚密切相关，最有可能的是按简易处罚程序实施行政处罚。然而，根据《行政处罚法》的规定，只有在违法事实确凿并有法定依据，对公民处以 200 元以下、对法人或者其他组织处以 3000 元以下罚款或者警告的行政处罚的情形下，行政机关才可以当场作出行政处罚决定（法律另有规定除外）。而视频所示行为，系收走了当事人的桌子，若属行政处罚，则构成没收财物，不合《行政处罚法》有关简易程序的规定。

结合相关执法机关回应媒体采访时所称"店主后续可以带上身份证到固定地点进行处理"，可以推论，在执法机关看来，收走桌椅之行为也并不是最终的结果，其只是执法机关制止当事人的"违法行为"，让当事人接受"处理"的手段而已。如此，则该行为尽管与行政处罚密切相关，但本身并非行政处罚，而是行政行为过程中的行政强制措施，更确切地说，是其中的扣押财物。

执法行为符合《行政强制法》的规定吗？

事件中的执法行为既然是行政强制措施中的扣押财物行为，那么就要符合《行政强制法》的规定。

行政强制是对公民权利具有极大影响的行政行为，为此，《行政强制法》规定，行政强制的设定和实施，应当适当，采用非强制手段可以达到行政管理目的的，不得设定和实施行政强制。同时，《行政强制法》规定了行政强制措施的目的在于"制止违法行为、防止证据损毁、避免危害发生、控制危险扩大等"。在该事件中，即便当事人的行为占用了公共道路和公共区域，是违法的行为，亦无明确的实施扣押行为的必要。执法机关完全可以劝诫、说服的方式达成行政管理目的。甚至在有法律依据的前提下，也可通过直接施加罚款的方式进行处理，以达到行政管理的目的。因此，事件中的执法行为违反了《行政强制法》有关行政强制适当性原则的要求。

对于扣押财物行为的程序，《行政强制法》也有着明确具体的规定，包括实施前须向行政机关负责人报告并经批准，制作并出具扣押决定书，出示执法身份证件，告知理由、依据以及当事人享有的权利，听取当事人的陈述和申辩，制作现场笔录，等等。然而视频显示，事件中执法人员完全未遵循上述规定，未出具决定、未出示身份证件、未告知理由、未听取申辩、未制作笔录，可以说，作为一个行政强制行为，该执法行为系彻头彻尾的违法行为，更谈不上是所谓的文明执法行为。

相关执法机关是否进行了必要和足够的反思

可以认为，吉阳区综合执法分局的"情况通报"，反映了其对自身行为进行了一定的反思。但是，对照事件过程，结合通报的内容，该通报的反思仍然不够充分。首先，尽管通报称对事件"高度重视"，但此种重视至少在舆论质疑之初恐是难以成立的，否则不会在最初回应时坚称是文明执法。其次，尽管通报承认事件中存在简单执法行为，承诺将更加注重执法方式方法，但本质上，该事件反映的不是执法方式方法问题，而是如何依照法定的职责、权限和程序等进行执法的问题。若不能认识到该执法过程中存在的合法性问题，则反思是难称到位的，也无法保证之后执法中遇有类似情况时会依法执法。再次，通报对该事件中当事人的行为是否仍将被认定为违法并受到处罚、对被收走的财物将如何处理，都未予以明确提及。我们当然不能因通报未予提及而得出当事人仍将受到处罚的结论，但通报对此未予提及，不能不让人产生当事人的合法权益仍可能无法得到有效保障的联想。最后，通报称已对相关执法人员进行了严厉的批评教育，但并不具体明确。如何追责问题，需要依照《政务处分法》等法律、法规、规章和规范性文件，根据事实进行确定。但毫无疑问，若相关执法人员的行为显然违法并造成重大影响，则单纯的批评教育是不够的，更不足以提高执法人员依法、文明执法的认识。

文明的创建行为才能创建文明的城市

文明城市是市民整体素质和城市文明程度较高的城市，文明城市称号是反映我国城市整体文明水平的最高荣誉称号。创建文明城市，需要一个城市各方面力量的投入，在此过程中，相关执法机关具有特别的作用，尤其是在制止不文明行为方面，需要执法机关承担起法定的职责，从而促进文明城市的创建。

然而，执法机关在履行职责、参与创建文明城市活动时，必须文明规范执法，唯有文明规范的创建行为，方可助力创建文明城市。否则，若连参与创建的行政机关都有不文明的创建行为，其本身即说明城市的文明程度是不够的，即便达成了"创文"的目标，获得了"文明城市"的称号，它也是名不副实的。

本次事件中，即使撇开执法的合法性问题，单单就执法机关之行为是否文明执法，也是可商榷的。相关部门在最初的回应中，强调执法机关是文明执法的，视频也显示，执法人在执法过程中也并无直接的暴力行为。然而，当一个 9 岁的孩子面对至少五位面色冷峻、一声不吭的身着制服的壮汉，且老远就手指着自己示意离开时，孩子心里会有什么感受？对一个孩子而言，这样的行为若不属气势汹汹又属什么？如果这样的行为还能叫文明执法，还仅仅是简单执法，那么，不文明执法又是什么、软暴力又是什么？如果一个"文明城市"需要依赖这种让年幼孩子遭受惊吓的方式才可得以创建，那么这样的"文明城市"即使创建成功了，对城市的居民又有什么意义？

基于整个事件透露出来的信息，特别是视频所显示的信息，人们有理由认为，相关执法人员的执法是缺乏温度的，是没有人情味的。执法工作不易，普通百姓生活更不易，否则何至于让孩子搬一小桌在街边写作业？面对此情此景，执法者大可设身处地，即便当事人真的违法了，也可多一点温情、多一些同理心，以更和缓柔软的方式处理问题。反过来说，若执法者在执法时完全失去了温情和同理心，则无异于将自己物化为工具。

不仅如此，在文明城市创建的过程中，相关行政机关还应秉持更为包容的态度，于法律不禁止的范围之内，尽可能容许市民自由开展相关的活动。正如有论者指出的："文明城市的评选指标是立体的，有温度的，覆盖了城市的方方面面，包括市容市貌、公共秩序、公共服务、生活品质等等，如果只注重市容市貌这种表面光鲜，而在创建过程中损害了公共服务和生活品质，这就显然与文明城市创建的初衷是背道而驰的。"于本次事件之中，我们可以想象这样一幅图景：明媚的阳光之下，和畅的轻风中，一个9岁的男孩，于店铺门口屋檐之下并不影响行人位置，支起一张小书桌，认真地书写作业，而在他的旁边，人们悠闲地逛街购物，还不时看一眼写作业的小男孩，为他的认真学习赞美一两句……想想看，这是一幅多么和谐的画面！如此画面的存在，不仅不会损害一个城市的文明形象，反而应为文明城市创建加分！若执法人员在执法的过程中，对这个男孩报以一个微笑；哪怕是在其占用公共道路影响行人通行时轻声予以劝解，这也是一个城市文明形象的真正体现。

二十五、谁可以决定全域全时段
禁放烟花爆竹？

　　近两年，禁止燃放烟花爆竹似乎成了一个时髦的事，各地禁放的范围越来越广，禁放的时段越来越长。除了部分高度城市化的大都市如北京、天津、深圳之外，一些城市化并不发达的地方也开始全域全时段禁放烟花爆竹，如浙江衢州、四川内江、河南焦作、河北邢台、山东临沂等。这些全域全时段禁放的地区，作出禁放决定的主体主要是县级人民政府，其中一些地区，所属各县、市、区在相近的时间段内作出了内容完全相同的禁放决定，显然是在所在地区统一安排下作出的。

　　不可否认，燃放烟花爆竹的确有其危害性，特别是在人员密集的城区，燃放烟花爆竹无论在环保还是在安全方面都存有隐患，限制燃放有必要性。但是，存在危害性并不必然意味着应该一禁了之。在全面推进依法治国，建设社会主义法治国家的背景之下，由县级人民政府作出全域全时段禁放烟花爆竹的决定，其合法性与正当性都是值得商榷的。

全域全时段禁放烟花爆竹有法律依据吗？

通观各地作出的全域全时段禁放决定，其列明的法律依据主要包括法律、行政法规、地方性法规和地方政府规章四个层面。在法律层面，主要有《大气污染防治法》和《治安管理处罚法》；在行政法规层面，主要是《烟花爆竹安全管理条例》；地方性法规和地方政府规章则因地而异。在上述法律法规中，除《治安管理处罚法》系作为处罚依据而非禁放本身的依据故不必加以考察外，我们可对所列其他法律依据作逐一分析。

1. 《大气污染防治法》是禁放的法律依据吗？

《大气污染防治法》共有五处提及烟花爆竹，其中有两处系针对烟花爆竹的生产与质量问题，一处系针对重污染天气下的应急处置问题，此三处皆与全域全时段禁放无直接关系。而与全域禁放可能有关的两处禁放规定都明确，作出禁放决定的应是"城市人民政府"。按此规定，且不论各地禁放决定的实质合法性，在形式上，至少县人民政府不能据此作出全域全时段禁放决定。也就是说，《大气污染防治法》不能作为县人民政府作出全域全时段禁放决定的依据。

2.《烟花爆竹安全管理条例》可否作为禁放的依据？

《烟花爆竹安全管理条例》第五章专门对燃放安全进行了规定。其中第二十八条明确，"县级以上地方人民政府可以根据本行政区域的实际情况，确定限制或者禁止燃放烟花爆竹的时间、地点和种类"。从条文本身看，县级以上人民政府可以根据其对实际情况的判断，决定在全域范围内全时段禁放烟花爆竹。但结合《烟花爆竹安全管理条例》的立法目的和全文内容，这一条规定恰恰意味着，县级以上人民政府所作的禁放决定，应该是在一定的时间、地点和种类范围内的；其在作出决定之时，应该结合实际情况，对时间、地点和种类进行确定；全域范围内全时段禁放，至多只是禁放的一种极端情形，而不应成为一般的情形。基于城乡之间的区别以及燃放烟花爆竹可能带来的影响等因素，一般而言，县级人民政府不应进行全域全时段禁放。而考虑到各县、市、区之间面临的不同情况，那种同一地区内所属各县级行政区域齐刷刷作出的禁放决定，更难言是根据各自不同情况作出的慎重抉择。质言之，有关全域全时段禁放的决策，尽管从形式上看符合《烟花爆竹安全管理条例》的规定，但实质上，它恰恰违反了《烟花爆竹安全管理条例》的有关禁放需要区别处理的立法精神。

3. 地方性法规和地方政府规章可否作为全域全时段禁放的依据？

综观各地有关烟花爆竹经营与燃放的地方性法规和地方政府规章，其中有关禁止燃放的规定，多与《烟花爆竹安全管理条例》的相关规定实质相同，即授权县级以上人民政府作出决定。如《衢州市烟花爆竹经营燃放管理规定》第四条第二款规定：县（市、区）人民政府可以根据本行政区域的实际情况，确定城市建成区外的其他禁止经营、燃放烟花爆竹的区域并向社会公布。从法条的解释上看，类似条文有关禁放区域的确定也应该根据实际情况进行综合判断，而不宜一刀切规定全域全时段禁放。

全域全时段禁放烟花爆竹的决定符合法律程序吗？

1. 禁放决定的性质是什么？

根据《国务院办公厅关于加强行政规范性文件制定和监督管理工作的通知》行政规范性文件是除国务院的行政法规、决定、命令以及部门规章和地方政府规章外，由行政机关或者经法律、法规授权的具有管理公共事务职能的组织（以下统称行政机关）依照法定权限、程序制定并公开发布，涉及公民、法人和其他组织权利义务，具有普遍约束力，在一定期限内反复适用的公文。据此，禁放决定是典型的行政规范性文件，其制定需要遵循相关的法定程序。而有关规范性文件制定的法定程序，除了《国务院办公厅关于加强行政规范性文件制定和监督管理工作的通知》的规定之外，还包括各地有关地方政府规章的规定，对此各地在作出禁放决定时也应予以遵循。

2. 禁放决定进行认真评估论证了吗？

《国务院办公厅关于加强行政规范性文件制定和监督管理工作的通知》要求，"起草行政规范性文件，要对有关行政措施的预期效果和可能产生的影响进行评估，对该文件是否符合法律法规和国家政策、是否符合社会主义核心价值观、是否符合公平竞争审查要求等进行把关"。行政程序是行政行为作出的过程与形式方面的要求，只要符合形式上的要求，即可认为其符合该程序规定。相关禁放决定如果进行了相应评估，则无论其结论是否与一般公众的期待一致，其在该程序上都可谓符合了法定的要求。遗憾的是，从公开的资料看，目前各地有关全域全时段禁放的决定在作出过程是否进行了认真的评估论证，并没有证据予以证明。

3. 禁放决定符合需进行调研论证、公开征求意见和进行听证等程序要求吗？

《国务院办公厅关于加强行政规范性文件制定和监督管理工作的通知》要求，"除依法需要保密的外，对涉及群众切身利益或者对公民、法人和其他组织权利义务有重大影响的行政规范性文件，要向社会公开征求意见。起草部门可以通过政府网站、新闻发布会以及报刊、广播、电视等便于群众知晓的方式，公布文件草案及其说明等材料，并明确提出意见的方式和期限。对涉及群众重大利益调整的，起草部门要深入调查研究，采取座谈会、论证会、实地走访等形式充分听取各方面意见，特别是利益相关方的意见。建立意见沟通协商反馈机制，对相对集中的意见建议不予采纳的，公布时要说明理由"。除了《国务院办公厅关于加强行政规范性文件制定和监督管理工作的通知》对规范性文件制定的上述要求之外，相关地方政府规定也多对规范性文件制定程序作出了相关要求，包括深入调查研究、进行相应论证、公开征求意见、涉及公众利益时要进行公开听证等。

逢年过节、婚丧嫁娶之时燃放烟花爆竹，是我们民族的悠久文化传统，全域全时段禁放决定当然是与公众利益密切相关的决策。但遗憾的是，从目前的公开资料看，上述行政规范性文件在制定过程中，并没有"充分"地进行调研论证，以听取意见；也没有向社会公布草案，公开征求意见；也从未听说有什么地方为此专门召开听证会。而至于国务院文件所要求的"建立意见沟通协商反馈机制，对相对集中的意见建议不予采纳的，公布时要说明理由"，目前连相对集中的意见建议都未进行收集汇总，更谈不上说明理由。

据此，目前各地全域全时段禁放烟花爆竹的决定在程序上违反了上位法的相关规定，属于不符合法定程序的行政行为。当然，上述结论基于现有资料，如果有决策者能提供资料证明其已履行法定程序，则另当别论。

全域全时段禁放烟花爆竹的决定是一个适当的行政行为吗？

从法律的视角看待一个规范性文件，人们关注的是其合法性问题。在合乎法律规定的前提下，行政机关通常具有一定的裁量权。但是，合法性并不是评价行政行为的全部标准。一个好的行政行为不仅应该是合法的，还应该是适当的。许多地方有关行政规范性文件制定的地方政府规章都明确要求，规范性文件应当"适当"。在此要求之下，一个行政规范性文件不仅应该是合法的，还应该是适当的，比如，要符合社会经济文化发展趋势、为广大人民群众所欢迎、其成本与收益成正比等等。

1. 禁放决定符合经济文化发展趋势吗？

任何事物都具有两面性，燃放烟花爆竹也是如此。但如果因烟花爆竹存在危害，就全面禁止燃放，那便是因噎废食，相当于因菜刀可能伤及人身就禁止使用，或相当于因汽车可能带来车祸就禁止上路。事实上，燃放烟花爆竹恰恰是我们民族文化的一个重要组成部分，无论南方还是北方，无论城市还是乡村，传统上，人们在逢年过节、婚丧嫁娶之时，都会燃放烟花爆竹，表达自己的美好祝愿或寄托自己的深切感情；许多著名的地方传统文化活动如舞龙舞狮等，也都离不开燃放烟花爆竹，甚至以燃放烟花爆竹为其主要内容。一定意义上，全域全时段禁放烟花爆竹，是对自身传统文化的漠视，是文化不自信的表现。

2. 禁放决定符合广大人民群众的要求吗？

一个"适当"的行政决定，应该是反映广大人民群众呼声、符合广大人民群众要求的决定。全域全时段范围内禁放烟花爆竹，广大人民群众是怎么看的？有没有进行过真正的调查研究？还是根本就无视群众是怎么看的？如果对此进行过调查研究，那么有多少公众支持这一决策？又有多少公众反对这一决策？可否有相关的数据予以支持？如果没有进行过调查研究，那么，这样的决策即便不说程序违法，又在多大程度上是适当的？

或许有人会说，禁放烟花爆竹是一个移风易俗的问题。没错，我们的风俗中，的确有些是需要改变和移除的，但这样的风俗可谓是少之又少，并且必须属于完全不符合现代社会基本理念的风俗，比如，女性缠足的习俗和财产由男性继承的习俗。无论如何，对燃放烟花爆竹，都不宜将它归入这一类必须移除的习俗之列。更何况，禁止一般公众燃放烟花爆竹，而官方活动经批准可予燃放，还有可能面对"只许州官放火，不许百姓点'鞭'"的质疑。虑及此点，则全域全时段禁放烟花爆竹的决定就难说是适当的决定。

3. 禁放决定是一项"划算"的行政决定吗？

按现代行政的要求，行政决策应该得到良好执行。如果不能得到良好的执行，或执行的成本过于高昂，则难言是一项适当的行政决定。

对全域全时段禁放烟花爆竹决定而言，为保证该决定是一项适当的决定，即应对其"成本"与"收益"进行评估，以确定其是一项"划算"的决定。比如，该决定实施后，可能会有多少人违反禁令燃放烟花爆竹，对这些人要不要严格进行处罚？如果严格执法，需要多大的人力物力成本？带来的是政府与公众关系的更加和谐还是相反？如果不严格执法，对燃放行为睁一只眼闭一只眼，它给法治的权威和政府的公信力带来的是正面的还是负面的影响？

《国务院办公厅关于加强行政规范性文件制定和监督管理工作的通知》明确："制发行政规范性文件是行政机关依法履行职能的重要方式，直接关系群众切身利益，事关政府形象。"遗憾的是，目前的公开资料中，并未有作出全域全时段禁放决定的行政机关曾对此成本与收益进行必要的评估。也因此，这样一项事关群众切身利益的决定，尽管可在一定程度上改善环境、保护安全，但与其可能带来的执法成本、政府公信力，以及政府形象损失等方面的负面效益相比，上述收益完全不成比例，因而是一项成本高昂、不"划算"的决定。

经过以上分析可见，由县级人民政府作出在本行政区域内全域全时段禁放烟花爆竹的决定，其合法性是存疑的，其适当性更是存在明显问题。若上纲上线，甚至可以说，无视国情、民情，悍然下令全域全时段禁放烟花爆竹，搞一刀切，是"懒政"的表现；决策过程中没有听取公众的意见，没有充分的调查研究，即作出无视民意的决策，是"蛮政"的表现；而其背景的原因，则反映了一些地方的决策者脱离群众、缺乏法治意识和唯上不唯实的工作作风。有鉴于此，相关地方政府在作出此类决策时，必须更加慎重和自制，要秉持法治精神、遵循法定程序、深入调查研究，让所作出的决策真正反映群众的呼声，赢得群众的支持。

又一年春节将至，这本是努力走出疫情阴霾的一个春节，若无全域全时段禁放，人们当会通过燃放烟花爆竹的方式表达自己对前景的期待。现在，且让我们看看，在全域全时段禁放的地方，这道禁令将受到什么样的检验，会得到多大程度的遵循，要付出多大的执行成本，会获得什么样的收益。

二十六、烟花爆竹的"禁"与"限"
应在法治基础上平衡各方利益

2023 年 12 月 26 日，全国人大常委会法工委主任沈春耀向十四届全国人大常委会第七次会议报告 2023 年备案审查工作情况。报告称：有的地方性法规规定全面禁止销售、燃放烟花爆竹，有公民和企业对此提出了审查建议。法工委经审查认为，《大气污染防治法》、国务院制定的《烟花爆竹安全管理条例》等法律、行政法规对于销售、燃放符合质量标准的烟花爆竹未作全面禁止性规定，同时授权县级以上人民政府可以划定限制或者禁止燃放烟花爆竹的时段和区域；有关地方性法规关于全面禁止销售、燃放烟花爆竹的规定，与《大气污染防治法》和《烟花爆竹安全管理条例》的有关规定不一致。关于全面禁售、禁燃的问题，认识上有分歧，实践中也较难执行，相关地方应当按照上位法规定的精神予以修改。

近年以来，有关烟花爆竹禁限问题，社会各界多有讨论甚至争议。但限制燃放乃至全域全时段禁止燃放烟花爆竹的地方仍然越来越多。据央视网转引公安部数据，早在 2017年，全国就有 444 个城市禁止燃放烟花爆竹，764 个城市限制燃放；2018 年，全国 803 个县级以上城市禁止燃放烟花爆竹。最近数年，禁限燃放烟花爆竹的地方进一步增多，禁限的范围也越来越广，一些省份甚至在全省范围内全面禁止销售、燃放烟花爆竹。如在河南省，2021 年 7 月 30 日由省人大常委会修正的《河南省大气污染防治条例》第六十一条规定："禁止生产、销售和燃放烟花爆竹……"在山西省，《山西省人民政府关于禁止生产、经营、储存、运输和燃放烟花爆竹的通告》于 2022 年 8 月 17 日正式印发实施，对烟花爆竹予以全面禁止。

与几乎所有物品一样，烟花爆竹存在利和弊两个面向。从利的面向看，它是中国人传统习俗的一个重要组成部分，是我们文化的重要体现，燃放烟花爆竹甚至有着重要的社会心理意义；从弊的面向看，它的生产与使用可能带来消防和安全问题，近些年来更被认为与空气污染密切相关，是重要的污染源。在现代法治社会的背景之下，对于这样一类利弊兼具的物品，到底采取一个什么样的态度，需要决策者在法治的基础上，通过公正的程序，听取各利益相关方的意见，经慎重公正的评估，权衡利弊，得出适宜的结论。

就合法性而言，当前国家层面涉及禁限烟花爆竹的法律法规主要包括《大气污染防治法》和《烟花爆竹安全管理条例》。其中，《大气污染防治法》第八十二条第二款规定：
"任何单位和个人不得在城市人民政府禁止的时段和区域内
燃放烟花爆竹。"这一规定并未涉及全面禁止燃放烟花爆竹，
按此次全国人大备案审查的意见，仅系"授权县级以上人民
政府可以划定限制或者禁止燃放烟花爆竹的时段和区域"，
但不包括全域全时段的全面禁放。《烟花爆竹安全管理条例》
第五章专门对燃放安全进行了规定。其中第二十八条明确，
"县级以上地方人民政府可以根据本行政区域的实际情况，
确定限制或者禁止燃放烟花爆竹的时间、地点和种类"。从
条文本身看，县级以上人民政府似乎可以根据其对实际情况
的判断，决定在全域范围内全时段禁放烟花爆竹。但结合
《烟花爆竹安全管理条例》的立法目的和全文内容，这一条
规定恰恰意味着，县级以上人民政府所作的禁放决定，应该
是在一定的时间、地点和种类范围内的；其在作出决定之
时，应该结合实际情况，对时间、地点和种类进行确定。有
鉴于此，无论在一个省还是一个市的范围内，抑或在一个
县、区的范围内，全面禁止销售和燃放烟花爆竹的决策（包
括地方立法）都是不合法的。由此，各地就烟花爆竹的禁限
问题，能做的是局部的"限"而不是全面的"禁"，或者说
只能在局部区域和个别时段禁止燃放烟花爆竹。

但即便是限制燃放烟花爆竹，其仍然是一项可能涉及多
方利益的重大决策，应该依法定程序充分考虑到各方利益的

平衡，方可作出适当决策。

当前，各地在作出禁限烟花爆竹决策之时，最常提及的理由是燃放烟花爆竹导致大气污染。的确，大规模集中燃放烟花爆竹会带来一定的空气污染乃至噪声污染。但是，燃放烟花爆竹所牵涉的利益并不局限于是否存在污染这一简单的问题上，否则，社会各界也不会对此存在经久而巨大的争议。事实上，与烟花爆竹禁限相关的利益是多方面的。其中至少包括：1. 保护环境与安全，减少与避免环境污染和安全事件的利益；2. 社会公众燃放花炮，延续文化和习俗的利益；3. 烟花爆竹产业的利益；4. 进行禁限的社会成本。

就环境和安全利益而言，从政府决策的角度出发，自然倾向于进行限制乃至全面禁止。但当我们以保护环境与安全这一公共利益为由，主张禁限烟花爆竹的时候，也要认识到，"爆竹声中一岁除"是我们民族千百年来的习俗，延续燃放烟花爆竹的传统，同样是公共利益的体现，是社会公众的现实需要。为了一种公共利益而禁绝另一种公共利益，这是否是最合适的选择，是需要进行全面的比较、分析和权衡的。因此，相关决策方在进行烟花爆竹禁限决策时，须将社会公众燃放烟花爆竹这一利益纳入考量范围。

产业的利益也同样是需要考虑的重大利益。据媒体的推估，全国从事与烟花爆竹相关工作的人员多达上千万人。而在一些烟花爆竹生产的集中地，从业人员更为集中，相关产业甚至成为当地的重要产业乃至支柱产业。比如在湖南省浏阳市，当前全市共有烟花爆竹生产企业 441 家，从业人员有将近 30 万，年产值逾 300 亿元。事实上，各地有关烟花爆竹禁限的决策是考虑到这一利益的，这也是全面禁限的决策往往出现在没有烟花爆竹产业的地区，而以烟花爆竹为重要产业的地区往往较少进行禁限的原因所在。

与产业利益密切相关的是烟花爆竹禁限决策及其执行的成本，这些成本包括禁限决策具有多大的可执行性、执行的经济与人力成本有多高，对政府公信力、政府形象带来什么样的影响，等等。特别值得注意的是，在一些地方，作出禁限烟花爆竹决策的一个重要考虑是管理的便利，决策部门基于管理的方便甚至出于个别决策者的个人喜好而作出了禁限的决策。

在很大程度上，现代立法和行政决策是一个利益权衡和博弈的过程，决策者不应该在未经合法程序和慎重权衡的情形下，为了某一方面的利益而进行武断决策。就烟花爆竹禁限而言，排除前述不合法的全面禁售禁燃，即便是进行限制，决策者也需要依法定的程序，权衡各方利益、听取各方意见，并考虑对政府公信力等方面的影响之后，作出平衡的、各方都能接受的决策。

二十七、"阻春耕"背后,"增补承包费"的实质是行政权力与民争利

2024 年 4 月 22 日,中国三农发布曝光了"内蒙古开鲁县蹊跷的增补承包费"事件,迅速引起了舆论的关注。舆情发酵之后,开鲁县政府也迅速回应,先后发出数个通报,对相关情况进行说明。

人们对此事件的关注点,更多集中于视频中乡镇干部的大胆言论上。但实际上,事件背后的问题并不止于此,它涉及村委会向承包人收取新增耕地有偿使用费是否合法、是否可强行阻止耕种;更涉及开鲁县是否能以"新增加的耕地开展高效利用试点工作"为由,针对所有新增的耕地都收取有偿使用费,甚至拟单独变更、解除农村土地承包合同。

案涉纷争的本质是行政权力介入下的土地承包经营纠纷

报道显示,由于承包方拒绝按发包方的要求缴纳 200 元/

亩的新增耕地有偿使用费，开鲁县建华镇双胜村村委会干部和镇政府工作人员对承包方的耕种行为进行了阻止，并逐步发展到由警方对个别耕种人员进行强制传唤。

从表面上看，这是建华镇和双胜村两级工作人员阻止承包人耕种土地的纷争。但场面激烈的阻止耕种，只是问题的表象，其背后的原因在于，承包方认为按照土地承包合同的约定，其有权进行耕种；而发包方双胜村则认为，由于承包土地范围内出现了新增耕地，承包方需要额外再缴纳耕地有偿使用费才可进行耕种；镇政府则站在发包方一边，支持发包方的观点并共同阻止耕种。可见，从法律视角看，这是一起由发包方在合同约定之外欲额外收取耕地有偿使用费而引起的农村土地承包纠纷，镇政府在其中扮演的角色，则使得这起纠纷由相对单纯的民事纠纷演变至有行政权力直接介入的农村土地承包纠纷。

收取新增耕地有偿使用费没有法律和政策依据

开鲁县发出的通报称：《国务院关于推动内蒙古高质量发展奋力书写中国式现代化新篇章的意见》中明确，支持内蒙古探索开展新增耕地高效利用试点工作。开鲁县作为上级确定的新增耕地高效利用试点单位，依程序制定《开鲁县促进农村牧区新增耕地高效利用指导方案》，针对"国土三调"较"国土二调"新增加的耕地开展高效利用试点工作。网民关注的耕地收费问题,实际为开鲁县新增耕地高效利用试点方案中针对新增加耕地采取的处置方式之一,即"完善合同、收取有偿使用费",而不是对二轮延包已确权土地再进行收费。

但关键在于,村集体收取的新增耕地有偿使用费是否有法律和政策依据。对此,结论是明确的:此种收费没有任何法律和政策依据。

首先,《农村土地承包法》及相关的法律法规,并没有任何条文规定土地发包方可以在承包期内,针对承包方因改良土地增加耕地,而额外收取"有偿使用费"。相反,该法第八条规定"国家保护集体土地所有者的合法权益,保护承包方的土地承包经营权,任何组织和个人不得侵犯"。发包方在约定的承包期内收取新增耕地有偿使用费,恰恰是对土地承包经营权的侵犯。

其次,《国务院关于推动内蒙古高质量发展奋力书写中国式现代化新篇章的意见》(国发〔2023〕16号)并不能成为收取"有偿使用费"的依据。国发〔2023〕16号文件规定:"健全土地、草牧场经营权流转服务体系,在推进新增耕地确权登记颁证的基础上,探索开展高效利用试点",但该规定中并没有提及任何收费问题。并且,国发〔2023〕16号文件所指新增耕地是需要进行确权登记的耕地,而非如本案中那样在转变为耕地之前已经明确土地承包经营权的承包地。

最后，村民代表会议决议也不能成为收取新增耕地有偿使用费的理由。开鲁县的通报称，双胜村依照政策文件要求，执行"四议两公开"程序，形成村民代表会议决议，决定对有新增耕地的承包户，原则上按耕地完善其原土地承包合同，并收取每亩每年 200 元的有偿使用费，所缴费用收归村集体分配使用，土地交由原承包户继续经营。然而，村民代表会议也不能侵害承包人已经合法取得的土地承包经营权，不得擅自变更已经生效的土地承包合同。对此，《农村土地承包法》第八条等都有规定。《村民委员会组织法》第二十七条第二款更明确规定，村民自治章程、村规民约以及村民会议或者村民代表会议的决定不得与宪法、法律、法规和国家的政策相抵触，不得有侵犯村民的人身权利、民主权利和合法财产权利的内容。因此，以村民代表会议决议作为收取新增耕地使用费的依据并不符合法律的规定。

不仅如此，通报所称对较大规模的单独新增耕地地块，依据《民法典》第五百三十三条"情势变更"条款，"由村集体与承包户协商变更合同，协商不成的诉请人民法院或仲裁机构解除合同，收回统一管理"，本身也没有法律依据。因为承包方通过改良土地而新增耕地，并非《民法典》第五百三十三条所指的"合同成立后，合同的基础条件发生了当事人在订立合同时无法预见的、不属于商业风险的重大变化"，所谓情势变更情形并不存在，何来重新协商之由？更何况，即便按"情势变更"情形成立，若双方协商不成的，也只能申请人民法院或仲裁机构处理，发包方岂可单方决定收取"有偿使用费"且在收费不成后强行阻止耕种？

阻止耕种违法，镇政府亦不可轻易介入土地承包纠纷

公开信息表明，对承包方耕种行为进行阻止是客观存在的，参与阻止的人员中既包括村委会人员，也包括乡镇干部，还包括公安派出所警察。对此，当地通报解释说是在"劝阻翻耙行为"，并且强调：承包方并非当地村民，其实际改变了合同约定的土地用途，案涉大部分地块已转租给别人经营且每亩每年租金700元以上，承包方始终不愿缴纳新增耕地使用费。

然而，通报所强调的上述情形都不是镇政府工作人员强行阻止承包人进行耕种的正当理由。按照《农村土地承包法》的规定，本集体之外的人可以依法承包土地；承包方转租土地也符合法律规定和承包合同约定；有关承包方是不是改变了合同约定的土地用途，需视合同的具体约定，即使是违反了合同的约定，也宜经由合法的途径追究其责任，而不可强行阻止耕种、贻误农时。

即使土地承包方将所承包土地改良或开垦为耕地是违法的行为，也应由相关国家机关依法进行查处，而不能通过由发包方收取所谓的"有偿使用费"替代对违法行为的查处。更何况，从目前公开的信息看，并没有证据表明承包方对土地的开垦耕种是违法的。

至于乡镇人民政府参与阻止耕种问题，按《农村土地承包法》第五十五条的规定，因土地承包经营发生纠纷的，双方当事人可以通过协商解决，也可以请求村民委员会、乡（镇）人民政府等调解解决。因此，在双方当事人请求的前提下，乡镇人民政府是可以参与土地承包纠纷的解决的，但解决的手段仅限于调解。若无双方当事人的请求，则乡镇人民政府不得介入，更不得强行阻止耕种。本案中，乡镇人民政府在没有双方当事人请求的情形下介入承包合同纠纷且强行阻止耕种，显然违反了法律的规定。

《开鲁县促进农村牧区新增耕地高效利用指导方案》的相关内容违法

开鲁县的通报称，作为上级确定的新增耕地高效利用试点单位，开鲁县依程序制定了《开鲁县促进农村牧区新增耕地高效利用指导方案》，针对"国土三调"较"国土二调"新增加的耕地开展高效利用试点工作。

结合媒体披露的信息与开鲁县的通报可知，此次事件中开鲁县建华镇双胜村与承包方张某某之间的纠纷，乃至当地镇政府介入到村集体与承包方之间的土地承包纠纷中去，都只是问题的表象，镇、村两级仅仅是在按照县里有关文件的要求开展工作。因此，开鲁县的上述方案才是问题的根源所在。

然而，该方案中有关针对新增耕地采取"完善合同、收取有偿使用费"的处置方式本身是违法的。

《国务院办公厅关于加强行政规范性文件制定和监督管理工作的通知》明确规定：行政规范性文件经审议通过或批准后，由制定机关统一登记、统一编号、统一印发，并及时通过政府公报、政府网站、政务新媒体、报刊、广播、电视、公示栏等公开向社会发布，不得以内部文件形式印发执行，未经公布的行政规范性文件不得作为行政管理依据。目前并无证据显示，《开鲁县促进农村牧区新增耕地高效利用指导方案》已公开发布。据此，该方案若属内部文件，则不得对外实施；若属规范性文件，则违反了国办上述文件有关应对外公开发布的要求，从而不得作为行政管理的依据。更严重的是，该方案在没有上位法律和政策依据的情形下，增加了公民、法人和其他组织的义务，违背了依法行政的原则，无论是否曾公开发布，其本身都是违法的。

无视法律规定和合同约定而与民争利，终将损及地方经济

如前所述，此次事件中相关争议的本质是农村土地承包合同纠纷。但其背后，则并非简单的合同履行过程中的争议。媒体调查的信息显示，当地有新增耕地 40 余万亩，镇政府要求对这些耕地都收取有偿使用费。若此种费用可按 200 元/亩的标准全额收取，则每年涉及的金额高达 8000 余万元，对于一个普通乡镇而言，这笔款项不可谓不巨大。

我们无从获知当地所收取"有偿使用费"的最终去向与用途，但无论是否归相关村集体所有或所用，这种做法都是没有法律依据的。当地通报中所描述的"张某林已将其中大部分地块转租给别人经营，每亩每年租金 700 元以上"或可印证收取新增耕地有偿使用费的背景：土地被承包方开垦或改良为耕地后，其价值增加了，转租租金高达承包费的百倍以上。正是在此背景之下，当地在与额外收费八竿子打不着的"高效利用"口号下，开始收取新增耕地有偿使用费。就其本质而言，此种收费行为是典型的巧立名目、与民争利，既违反了法律规定，也违背了契约精神。

更让人担忧的是，这样的行为，并非是案涉村庄的个别行为，而是涉及了当地大量的土地、众多的农民和承包人，其背后则是相关地方政府的文件支持。这种现象，对地方法

治的破坏是严重的，对政府公信力的损害是巨大的，对当地营商环境的影响是致命的。

而最让人担心的则是，当地政府看上去并没有意识到此类行为的违法之处和后果的严重程度，还连续发出通报进行说明，却没有对自身行为的合法性进行必要的反思。

可以预见的是，若一个地方长期无视法律规定和合同约定而与民争利，那么不仅相关当事人的合法权益无法得到保障，地方经济发展也终将受到损害。

二十八、"的姐"年满50周岁 被注销从业资格证的法与理

2022年4月，四川省资阳市部分"的姐"因年满50周岁被注销了从业资格证。据媒体报道介绍，按往年处理方式，年满50周岁的"的姐"会继续从业，但在2022年，由于有地方报告了此种情况，四川省交通运输厅在《关于出租汽车驾驶员有效期有关问题的批复》（川交运便〔2022〕18号）中明确，出租车女性驾驶员法定退休年龄为50周岁，按照交通运输部规章《出租汽车驾驶员从业资格管理规定》第三十八条的规定，年满50周岁的应注销其从业资格证；并且，"批复也抄告了各市州，电话里面说要'清理'"。据此，资阳市交通运输部门本着依法行政的原则，按交通厅的要求进行了清理，注销了前述"的姐"的从业资格证。

有意思的是，尽管按要求注销了前述"的姐"的从业资格证，但相关行政机关及其工作人员似乎并不认同此处理方

式，他们针对出租车女性驾驶员的反映，积极研究解决办法，并向上反映和提出了建议，甚至还在网上在线咨询了交通运输部，只是得到的答复也是出租汽车驾驶员从业年龄限制为男性 60 岁，女性 50 岁。

本案的焦点是明确的，那就是："的姐"年满 50 周岁就必须注销从业资格吗？要解决此问题，须从相关的法律、法规和规章中寻找依据。

出租车客运亦属于道路运输，当前我国针对道路运输的专门立法是国务院制定的行政法规《道路运输条例》。该条例第八十二条规定，"出租车客运和城市公共汽车客运的管理办法由国务院另行规定"，也就是说，该条例明确排除了对出租车客运的适用，出租车司机持证年龄问题亦无法从该条例中寻找依据。但目前为止，国务院并没有出台针对出租车客运的行政法规或其他规范性文件。因此，有关出租车司机持证年龄问题也需要从其他法律规范中寻找依据。

当前，直接规范出租车从业资格证事宜的立法是交通运输部门制定的部门规章《出租汽车驾驶员从业资格管理规定》，其第三十八条规定，出租汽车驾驶员持证人达到法定退休年龄的，须由发证机关注销其从业资格证。但该条只明确了"达到法定退休年龄"这一条件，而未明确"法定退休年龄"到底是多少。

那么，出租车驾驶员的退休年龄到底应该是多少呢？报道中提及，相关部门找到的依据是国务院 1978 年相关文件，也即《国务院关于工人退休、退职的暂行办法》（国发〔1978〕104 号）。根据该办法第一条规定，男年满 60 周岁，女年满 50 周岁，连续工龄满 10 年的，应该退休。正是根据该办法，相关部门认定，女性出租车驾驶员年满 50 周岁应该退休。

但问题在于，《国务院关于工人退休、退职的暂行办法》第一条明确指出："全民所有制企业、事业单位和党政机关、群众团体的工人，符合下列条件之一的，应该退休。"也就是说，有关女性工人年满 50 周岁退休，是针对全民所有制企业、事业单位和党政机关、群众团体的工人，对其他单位工人的退休年龄，该"办法"并没有作出规定。而在本案中，被注销"从业资格证"的女司机，她们即算有所属单位，也并非是"全民所有制企业、事业单位和党政机关、群众团体"。换言之，《国务院关于工人退休、退职的暂行办法》并不规范作为灵活就业人员的"的姐"的退休年龄问题，因而，依据该"办法"认定"的姐"满 50 周岁即达退休年龄属于适用法律法规不正确。

可是，如果不能依据《国务院关于工人退休、退职的暂行办法》来确定法定退休年龄，那么又该如何认定《出租汽车驾驶员从业资格管理规定》第三十八条所规定的"达到法定退休年龄"呢？查现行相关法律法规，并没有适用于所有在职人员的有关退休年龄的统一规定；即便是针对工人的退休年龄，无论是《劳动法》还是相关的《社会保险法》《工伤保险条例》等也都没有明确规定，而仅仅提到"退休年龄"或"法定退休年龄"。

在法律、法规和规章之外，明确提到"法定退休年龄"具体数字的文件来自劳动和社会保障部办公厅给北京市劳动和社会保障局的《关于企业职工"法定退休年龄"涵义的复函》（劳社厅函〔2001〕125 号）。该复函称，国家法律规定的正常退休年龄为"男年满 60 周岁，女工人年满 50 周岁，女干部年满 55 周岁"。按照这一复函内容，企业职工包括工人的退休年龄是明确的。

然而，该复函的内容尽管明确，但仍不能作为确定本案"的姐"退休年龄的依据。一来，此复函是针对特定主体来函的回复，不能直接适用于其他主体。二来，该复函在法律性质上，仅属普通函件，连规范性文件都算不上，更非具有《立法法》意义上法律位阶的规章。而即便是部门规章，根据《立法法》第八十条第二款的规定，若没有法律或者国务院的行政法规、决定、命令的依据，其也不得设定减损公民、法人和其他组织权利或者增加其义务的规范。本案中的"的姐"，则恰恰是因为退休年龄的限定，致使其从业资格证被剥夺，属于权益被减损，故若依前述"复函"作为确定其退休年龄的依据，在法律上也是站不住脚的。

　　至此，我们可以明确，目前国家层面的法律、法规和规章对国有企业之外的企业员工的退休年龄并没有明确的规定。也因此，尽管《出租汽车驾驶员从业资格管理规定》规定了出租车驾驶员达到法定退休年龄后须注销从业资格证，但在没有其他法律、法规专门规定的情形下，若因女性驾驶员满50周岁即注销其从业资格证，则是缺少法律依据的。

　　值得注意的是，一些地方通过立法对出租车司机持证年龄作出了相应规定。如《郑州市客运出租汽车管理条例》规定，女性年龄在55周岁以下可获得资格证书；《青岛市客运出租汽车管理条例》则规定，无论男女，年龄不超过65周岁，符合条件即可从事出租汽车驾驶。作为地方性法规，这些立法一方面可以对此问题作出规定，另一方面，因其在具体年龄的限定上更符合当前社会实际，因此更为各界所接受。当然，参照《道路运输条例》第九条的规定，从事城际客运驾驶的人员的年龄限制尚且为60周岁，那么从事出租车客运驾驶的人员的年龄限制若低于60周岁，也是不合理的。

　　事实上，出租车管理事宜本身具有高度的地方性，就此制定中央立法并不见得更优于地方立法。因此，在缺少中央立法的情形下，各地可发挥地方立法的能动性，主动进行规定。而在地方立法也不存在的情形下，则可考虑参照《道路运输条例》第九条有关客运驾驶人员的年龄限制规定，确定出租汽车驾驶员的年龄限制。

二十九、"网约车新规"或重创出租汽车行业创新

2015 年 10 月 10 日，交通部发布了《网络预约出租汽车经营服务管理暂行办法（征求意见稿）》（以下简称《管理办法》），进行为期一个月的公开征求意见。《管理办法》的实质性内容包括：1. 网络服务平台是网络预约出租汽车经营者，承担承运人责任，应当取得出租汽车经营许可，且相关服务器应设在中国大陆；2. 网络预约出租汽车车辆应为 7 座及以下乘用车，使用性质登记为出租客运，安装具有行驶记录功能的车辆卫星定位装置等设施设备；3. 网络预约出租汽车驾驶员需取得相应的从业资格，且与网络预约出租汽车经营者签订劳动合同，且只能接入一个网络服务平台；4. 网络预约出租汽车经营者保证接入平台车辆和驾驶员的合法性，在服务所在地不应具有市场支配地位，不得妨碍市场公平竞争。

对于网约车这一顺应市场需要的新生事物，由于其与社

会公众的利益密切相关，相关立法与行政机关进行必要的规范与引导是应该的。但从交通部所公布的《管理办法》的内容看，这一《管理办法》不仅在合法性上存在可质疑之处，更可能将网约车这一社会经济与技术发展背景下的创新扼杀于摇篮之中。

从《管理办法》本身的合法性看，该办法似将以部门规章的形式出台，就此，《立法法》第八十条第二款明确规定"部门规章规定的事项应当属于执行法律或者国务院的行政法规、决定、命令的事项"，而《管理办法》第一条仅表明"根据国家有关法律、行政法规，制定本办法"，对具体所依什么法律或行政法规，却并未言明。鉴于网约车本身系新生事物，当前法律与行政法规并无专门针对网约车的规定，因此，《管理办法》若最终以部门规章的形式颁布，则其是否符合《立法法》的规定是值得进一步探讨的。

在具体内容方面，《管理办法》要求网络服务平台作为网络预约出租汽车经营者，承担承运人责任，应当取得出租汽车经营许可，且相关服务器应设在中国大陆。实践中，网络服务平台大部分情形下都非真正的承运人，它们所起到的仅仅是一个服务平台的作用，就如在通常的商业形态中，它们并不是直接参与交易的商场而仅仅是提供平台的商品交易市场。但《管理办法》脱离这一现实，生硬地要求只想做商品交易市场的平台转型为做直接交易的商场，就如要求淘宝上各商家的买卖只能由阿里巴巴自身直接来做一样。同时，《管理办法》还规定，城市人民政府对网络预约出租汽车进行数量控制。上述做法无疑是将体现"互联网＋"思维的网约车业态拉回到传统的出租车模式，将网络预约平台当作出租车公司来管。此外，根据《行政许可法》的规定，部门规章不得新设行政许可，仅可对上位法已经规定的行政许可作具体规定，且不得增设违反上位法的其他条件。即便将网络预约出租车视为出租车的一种，从而认定不存在新设行政许可问题，《管理办法》中所要求的"相关服务器设置在中国大陆"等规定也是上位法所没有的新的许可条件，因而违反了《行政许可法》，同时也违反了《立法法》有关"没有法律或者国务院的行政法规、决定、命令的依据，部门规章不得设定减损公民、法人和其他组织权利或者增加其义务的规范"的规定。同样地，规定网络服务平台在每一个市县都要取得行政许可，也正如要求淘宝在每个市县都要进行主体资格登记一样，是不必要和难以让人接受的。

有关用于网约车的车辆，《管理办法》规定，网络预约出租汽车车辆使用性质应登记为出租客运，这也完全与当前的现实不符。当前全国数以百万计的网约车，绝大部分都是私人的非营运车辆，多数司机只是在业余赚点外快，而并非全职从事专业运营。这些车辆参与网约车运行，有效缓解了打车难问题，方便了公众出行，同时也有助于降低车辆的空驶率，缓解城市交通的拥堵。要求网络预约出租汽车必须登记为出租客运，意味着这些汽车必须在更短的年限中强制报废，并且会增加车辆使用的保险等日常成本，在这一规定之下，众多的私家车主必然会考虑是不是值得这样做。更要命的是，按照《管理办法》，网络预约出租汽车驾驶员需与网络预约出租汽车经营者签订劳动合同，这一规定意味着，要想从事网约车运营，就得放弃当前的工作，对于大多数网约车司机来说，这都是必须慎重考虑的问题。可以想象，在此规定之下，当前从事网约车服务的多数人都会放弃这一行业，一个刚刚兴起且受到广大社会公众欢迎的新出租汽车业态必将日渐式微。而要求一个驾驶员只能接入一家网络服务平台，则和要求其签订劳动合同一样，也是套在驾驶员身上的一个紧箍套，且严重影响平台之间的竞争。

《管理办法》还规定，网络预约出租汽车经营者在服务所在地不应具有市场支配地位，不得妨碍市场公平竞争。就此而言，《反垄断法》第六条也仅仅规定，具有市场支配地位的经营者，不得滥用市场支配地位，排除、限制竞争，并没有要求经营者不得具备市场支配地位，因此这一规定是没有上位法依据的，更违背了《反垄断法》的立法精神。

总体来看，《管理办法》没有充分估计互联网思维对出租汽车行业带来的颠覆性影响，没有认识到这种影响的不可改变性。根据起草说明，《管理办法》是"稳妥处理改革、发展和稳定的关系""维护市场秩序，保障各方合法权益"的一个结果，是助推出租车新旧业态融合发展的尝试，甚至有人认为，监管部门是意图通过引起社会舆论的反弹以倒逼地方政府改革出租车管理体制。若果如此，监管部门真可谓是一片苦心，令人感慨，但关键在于，在"互联网＋"时代，大浪淘沙，此消彼长，传统出租车管理体制的没落是一个不可挽回的趋势，通过行政力量强行压制新的经营模式而保护旧的经营模式，失败将是无可避免的。行政机关有责任保护群众的合法权益，但应通过有利于公平竞争的方式进行，而不能通过"拉偏架"的方式进行；行政机关也有责任对行业发展过程中存在的问题进行规范，但这种规范应本着促进创新的原则，有什么问题就解决什么问题，而不能违背市场规律，抑制乃至扼杀创新。

可以预见，《管理办法》若不作实质调整而强行颁布实施，其后果将有两种可能：一是，在行政力量的强力压制下，出租汽车行业的创新被生生扼杀，没有新业态的发展，只有以融合为名的停滞，除传统出租汽车公司经营者的利益得到维护外，公众的利益、社会的利益与国家的利益都将被损害，甚至传统出租汽车司机的权益也得不到有效保护和提升；二是，既然今日的网约车可以在没有相关规范的情形下蓬勃兴起，那么当新的规范适应不了社会经济与技术发展的大趋势时，网约车也将无视这种违反市场规律、违背大多数人利益的规范而改头换面继续发展，最终监管部门不得不再对此作出回应，制定新的、能有效回应社会发展需要的规范。

目前看来，第二种可能性更大一些。要避免这种局面的出现，唯有的办法是，回应公众呼声，尊重市场规律，直面经济与技术创新，对《管理办法》内容进行实质的修改。

（注：2015 年 10 月 10 日，交通部发布了《网络预约出租汽车经营服务管理暂行办法（征求意见稿)》。与众多关注网约车发展及其规制的人一样，笔者对此亦高度关注，并写作此文提出了自己的观点。后续，社会公众的一些意见在次年正式出台的《网络预约出租汽车经营服务管理暂行办法》中得到了体现，如网约车经营平台不需要逐个县市登记、司机可兼职从事网约车经营、一辆汽车不再限定接入一个网络服务平台等，但该"征求意见稿"的大框架并没有变动。）

三十、警惕"网约车新政" 潜在的负面影响

　　2016 年 7 月 28 日，交通部等 7 部门正式颁布了《网络预约出租汽车经营服务管理暂行办法》（以下简称《暂行办法》）。该规范性法律文件颁布之后，引起了强烈的反响，各界的评价总体是正面的，认为《暂行办法》较充分地吸纳了公众的意见，体现了监管部门从善如流、促进创新的精神，将有力规范和促进网约车行业的发展。

　　的确，与之前的征求意见稿相比，《暂行办法》有了较大的进步，除通过行政立法的方式赋予网约车以合法地位之外，这些进步之处还包括：网约车经营平台不需要逐个县市登记；通过一定的程序，私家车可以成为网约车；司机不再必须与网约车经营平台签订劳动合同，而可兼职从事网约车经营；一辆汽车不再限定接入一个网络服务平台，而是可同时接入两个或两个以上的网络服务平台；不再要求网约车经营者在服务所在地"不应具有市场支配地位"；等等。

但是，在肯定"网约车新政"相当程度上吸取了公众意见的同时，对其给网约车行业带来的影响并不能太过乐观。恰恰相反，通观《暂行办法》全文，并结合 8 月 1 日颁布的《网络预约出租汽车运营服务规范（征求意见稿)》，新政给现有的网约车行业带来的影响可能主要是负面的。这些潜在的负面影响至少来源于以下几个方面。

1. 网约车定位问题

《暂行办法》明确将近年来出现的网约车定位为"网络预约出租汽车"，换言之，新政之下的网约车，尽管强调了它的网络特征，但仍然属于出租汽车，只不过将传统的出租汽车界定为巡游车，而将网约车界定为与传统出租汽车并列的"网络预约出租汽车"，两者共同构成出租汽车的整体。既然网约车被界定为出租汽车，那么它必须遵守现行有关出租汽车的相关规范性法律文件，然而，现行的相关规范性法律文件，基本上与互联网经济的发展无实质联系。按此逻辑，若无出租车管理规范的重大变革，则此一定位实际上等于将基于互联网的网约车生生拉入原无互联网血统的出租汽车这一行列。这种定位对现有网约车行业发展的负面影响是极其严重的，其创新性在很大程度上可能被扼杀。

不仅如此，《暂行办法》还明确规定"按照高品质服务、差异化经营的原则，有序发展网约车"。高品质服务原非坏事，任何行业的服务都应该是高品质或至少不是低品质的，但差异化经营的要求，却可能对网约车带来致命的影响。何谓差异化经营？如何实现差异化经营？从官方的相关表述来看，包括从《网络预约出租汽车运营服务规范（征求意见稿)》的内容看，它主要指网约车比传统出租车定位更高、性能更高、价格更高，本质上，是要求网约车不与传统出租汽车形成正面竞争。这种规定实际上对早已饱受诟病的传统出租汽车行业垄断予以了保护。而按照市场经济的要求，市场可有效解决的问题，本应交由市场来解决，类似行业或企业之间是不是实行差异化经营，也应由市场来决定。由政府来直接规定网约车与巡游车实行"差异化经营"，其本身属于政府对市场的不必要干预。

2. 从事网约车行业的车辆须"登记为预约出租客运"问题

《暂行办法》第十三条规定："服务所在地出租汽车行政主管部门依车辆所有人或者网约车平台公司申请，按第十二条规定的条件审核后，对符合条件并登记为预约出租客运的车辆，发放《网络预约出租汽车运输证》。"该条规定意味着，目前拥有非营运车辆（私家车）的公民欲从事网约车行业，则必须将车辆的使用性质进行变更，由非营运车辆转为营运车辆。这一规定之下，私家车仍然可用于网约车，司机也可兼职开网约车，但是，目前的网约车司机，绝大多数都是使用非营运的汽车参与网约车运营活动，且其中很大一部分都是兼职的。若按该条要求，则还有多少司机愿意变更自家车辆的使用性质，继续参与网约车运营活动？答案是显而易见的。对于目前的兼职网约车司机而言，大部分不会为此改变自家的车辆使用性质，也就是会退出网约车行业；对于目前的专职网约车司机而言，按照该规定，并结合《暂行办法》其他条款的规定，再去开网约车实际上与从事巡游车经营已经相当接近，只不过"档次"更高而已。可见，该条规定若严格实施，则目前的网约车行业恐陷于严重分裂！这样一来，传统出租汽车行业的垄断体制得到了延续，相关方（主要是资方）的利益得到了保护，但一个解决了至少数十万人就业问题、惠及亿万公众的新兴行业却可能面临解体，其间轻重，人皆可见。

3. 市场定价还是政府指导价问题

《暂行办法》第三条第二款规定："网约车运价实行市场调节价，城市人民政府认为有必要实行政府指导价的除外。"这一规定实际上将实行市场价格还是政府指导价格的决定权授予了城市人民政府，只要城市人民政府认为有必要，即可对网约车实行政府指导价。尽管我们应相信城市人民政府的创新精神，但从现实情况看，至少有相当多的城市人民政府会基于维稳或利益集团间的博弈等原因对此实行政府指导价。如此一来，就单一车辆而言，网约车与巡游车除叫车方式有所不同外，其在经营模式上还有多少实质性的区别？

与此相关的是,《暂行办法》第二十一条第二款规定,"网约车平台公司不得有为排挤竞争对手或者独占市场,以低于成本的价格运营扰乱正常市场秩序"。维护公平竞争是必要的,但这不意味着消灭所有与竞争相关的创新。该处规定的问题在于,何谓"以低于成本的价格运营扰乱正常市场秩序"?网约车的互联网特征,决定了其经营平台的收益来源不仅仅在于载客收费,甚至主要不在于载客收费,而来源于其他相关方面。因此,其经营成本不能简单按照与巡游车相同的方式进行计算。而该款规定至少在字面上存在着将两者进行类比的可能性,这与网约车的创新性是相悖的。

4. 数量管控问题

《暂行办法》并没有直接规定数量管控问题,但其第十三条在规定对符合条件并登记为预约出租客运的车辆、发放《网络预约出租汽车运输证》之外,又规定:"城市人民政府对网约车发放《网络预约出租汽车运输证》另有规定的,从其规定。"按照该条规定,结合网约车行业与巡游车行业之间的现实关系,城市人民政府基于各种考虑,完全可以并可能对网约车设定数量管控。再结合可能出现的价格管控,则网约车行业的市场化、网络化、分享性的特征还在多大程度上可得以存留?这个新兴的行业被变异后在多大程度上还具有继续存在的价值?

5. 其他方面的问题

除了上述问题之外,《暂行办法》还存在着其他可能给网约车行业带来负面影响的问题。比如,对车辆要求中的"安装具有行驶记录功能的车辆卫星定位装置、应急报警装置"到底是什么要求?智能手机上安装的相关软件算不算?会否有一些地方和部门将要求车辆安装不必要的指定装置?再如,《暂行办法》第二十二条所规定的"网约车应当在许可的经营区域内从事经营活动,超出许可的经营区域的,起讫点一端应当在许可的经营区域内",其必要性到底何在?是不是反映了相关监管机构的传统管理思维?

综而言之,尽管《暂行办法》第一条就提出来,要"保障运营安全和乘客合法权益",但细读全文,其规定仍然具有很大的模糊性,特别是在诸多实质性的内容上,都授权地方人民政府或其部门,其发挥什么样的作用,很大程度上取决于相关地方人民政府对网约车行业抱持什么样的态度。也正因此,《暂行办法》对新兴的网约车行业发展将产生什么样的影响是具有很大不确定性的,甚至可能带来负面的影响,极端情形下乃至会带来颠覆性的负面影响。按照现代社会市场经济体制的要求,政府对一个行业的管制,以市场自身不能有效进行自我调节为前提。就网约车行业而言,政府即便进行管制,也应主要着眼于维护公共利益,包括提高服务质量与保障参与者的安全等方面,而不宜为了管理本身的便利，或为了其他特定利益，实施不必要的管制，更不宜无视社会、经济和科技发展的趋势，将一个事关众多公众利益的新兴行业管死。有鉴于此，我们在肯定《暂行办法》积极意义的同时，也必须对其可能存在的负面影响予以高度的警惕。

三十一、不要便于监管的网约车，
##　　　就要面对难以监管的黑车

2016 年 12 月 21 日，北京市交通委正式发布《北京市网络预约出租汽车经营服务管理实施细则》，明确在北京从事网约车运营的驾驶员必须为北京户籍，车辆必须持京牌，并须统一张贴标识。此后，相关部门负责人明确，对网约车将给予 5 个月的缓冲期，但在过渡期内仍将严查火车站、飞机场等枢纽区域不合规的"网约黑车"，尤其是非京牌或非京籍等违规运营问题。

从监管部门的角度，北京的网约车监管问题目前大局已定，只允许"京人""京车"根据监管部门设定的条件从事网约车的运营，根本上而言，这意味着政府严格控制网约车的发展。这里明确的所谓严查"网约黑车"只不过是既定严控政策的一个注脚而已。地方政府对监管限度的选择，自有其考虑的因素，作为首都的北京，其网约车监管政策的选择，更是不仅要考虑城市自身的发展，还要考虑其他更为宏观和长远的因素。但应注意到的是，网约车监管政策的选择，还必须考虑到：严格控制网约车的发展，会带来什么样的后果？

时至今日，相信大家都不会怀疑，网约车的发展是社会和科技进步的结果，迎合了公众的消费需求，缓解了城市的打车难问题，提高了出租车服务质量，甚至在一定程度上也增加了就业岗位。同时，它也的确在一定时期和范围内存在着引起政府高度重视的一些问题，如与传统出租车的关系问题等。在北京的特定情形下，它还导致更多人口在城市的聚集，对北京的人口疏解工作带来了负面影响。总体而言，网约车的发展应该是利弊皆具，但利多于弊的。

毫无疑问，网约车是天生的市场派，是迎合消费者的需要而出现的，限制网约车，不等于消费需要就没有了。那么，在网约车急剧减少之后，消费者的需求怎样得到满足呢？政府有没有提供相应的替代服务？没有！因此，市场的力量将又一次发生作用，这就是由黑车来重新占领网约车留下的空白。社会和科技发展的车轮转了一圈，似乎又回到了五六年前。——换言之，若监管部门管死了相对便于监管的网约车，那么必然面对难以监管的黑车。

相比于传统出租车，网约车是体制外生长起来的，确非体制的"亲生子"，但相比于传统的"黑车"，网约车却更易于监管。比如，在服务质量问题上，由于存在评价与选择机制，网约车司机势必努力提高服务质量；在价格问题上，网约车由平台统一定价收费，不存在滥收费问题；在安全问题上，平台可通过技术手段进行有效的监控，使得潜在的违法者不敢采取违法行为，至少降低了出现安全问题的可能性；在信息安全保护上，网约车平台也同样通过技术手段进行了有效的改善。而这一些，都是政府部门监管的重要内容。

既然网约车相较于黑车而言更便于监管，监管部门为什么还要严格限制网约车呢？难道监管部门不能认识到其中的利弊吗？当然不是。但监管部门也从来没有正式公布过令人信服的限制理由，于是各种传言都开始弥漫，包括传统出租车行业与新兴力量的博弈等等，这些传言似乎有相当道理，但也不具备充分的说服力。北京因其特殊地位所在，还有着特别的传言：政府并非没有认识到严格控制网约车之后可能带来黑车重新泛滥的问题，但权衡之下，还是选择了当前的政策。原因在于：尽管黑车可能会重新兴起，但黑车主要集中于城郊接合部，市区之内的黑车并不太多，而网约车则更集中于市区，因此限制网约车对控制市区的人口与车辆是有利且有力的。另外，对个别执法人员而言，黑车的存在，恰恰使得他们的权力有了寻租之处，网约车则是断了他们的财源，故他们极力欢迎当前严格限制政策。至于黑车重新兴起可能带来的弊端，尽管并非不在考虑范围之内，但相较而言只是次要因素。

公共治理是个精细活儿

上述种种传言，我们并没有足够的证据去肯定它或否定它，但它的存在却是实实在在的。作为公民，我们应该相信监管部门的决策是慎重的与公正的，但即便这样，监管部门仍然要面对不可回避的问题：在严格限制了相对易于监管的网约车之后，它如何面对难以监管且查之不尽的黑车？又如何有效满足公众的出行需求？

（注：2016 年 12 月 21 日，北京市交通委正式发布《北京市网络预约出租汽车经营服务管理实施细则》，要求在北京从事网约车运营的驾驶员必须具有北京户籍，车辆必须持京牌。从行政许可的角度看，这一要求无异于为获得网约车许可增加了条件。该"细则"尽管有交通部等 7 部门《网络预约出租汽车经营服务管理暂行办法》的授权，但鉴于"暂行办法"本身位阶为部门规章，故"细则"的规定与《行政许可法》的要求是相悖的。而此后的实践更表明，"细则"有关具有北京户籍方可从事网约车运营的规定，并没有得到严格遵循，在北京从事网约车运营的司机，大部分不具有北京户籍。）

三十二、造就清朗的城市天际线，
需要采取合法的行政手段

    2017 年 11 月 24 日，北京市城市管理委员会等三家行政机关联合下发《关于开展集中清理建筑物天际线专项行动的通告》（以下简称《通告》），决定自《通告》发布之日起，全面清理不符合《北京市牌匾标识设置管理规范》（京管发〔2017〕140 号，以下简称《规范》）要求的建筑物屋顶、墙体上的广告牌匾和其他违反规范要求的牌匾标识。

    据公开资料，该项执法行动自开展以来已集中拆除被认为违反《规范》要求的牌匾标识数万块，许多地标性建筑和著名企事业单位的牌匾都被拆除。此行动也引起社会各界热议。有人认为，该次行动存在给公众带来不便、损害公民与企事业单位合法权益和法律依据不足等问题。面对质疑，北京市城管委于 12 月 9 日表示，该委梳理了各方的意见并作了调研，大家的意见都将作为珍贵的工作参考，"我们一直在聆听"。12 月 11 日，北京市海淀区城市管理委下发《关于暂缓牌匾广告清理工作的通知》，指出海淀区现已停止拆除违规广告牌匾，重新启动时间另行通知。

据前述《通告》，此次专项行动的最终目的是"建设国际一流的和谐宜居之都"，这一目的是值得肯定的，但鉴于该行动引起了广泛强烈的社会反响与质疑，我们有必要反思：在全面推进依法治国的背景下，此次行动是否存在合法性问题？

《北京市牌匾标识设置管理规范》的合法性

根据《通告》，此次专项行动的最直接依据是北京市下发的《规范》。《规范》由北京市城市管理委员会制定，性质上属于其他规范性文件，效力在法律、法规和规章之下，需要符合法律、法规和规章的规定。

专项行动要合法，则其所依据的《规范》首先必须合法。那么，《规范》的合法性如何？《规范》第一条明确其制定依据是《广告法》《北京市市容环境卫生条例》，我们可以据此分析。

从制定权看，首先，根据《广告法》第二条，该法所称广告指商业广告活动，而《规范》则针对包括广告牌匾在内的所有牌匾标识设置行为，故仅依《广告法》不足以证明该规范的制定依据是充分的。

其次，根据《广告法》第四十一条，户外广告设置规划和安全要求应由县级以上地方人民政府组织有关部门制定；户外广告的管理办法，则由地方性法规、地方政府规章规定。根据北京市人民政府制定的地方政府规章《北京市户外广告设置管理办法》第六条和第八条规定，市政管理行政主管部门应当会同市规划行政主管部门组织编制本市户外广告设置专业规划，报市人民政府批准后公布实施。北京市城市管理委员会属于北京市人民政府的所属部门，其无权径行制定和实施户外广告设置规划和安全要求；而若视《规范》为户外广告的管理办法之一种，则其更无权以此方式进行规定。

最后，《北京市市容环境卫生条例》第四章第三节对户外广告和牌匾标识设置等内容进行了具体规定，但通观该节三个条文，也仅授予城市管理综合执法部门对违法情形进行执法的权力，而没有授予其制定具体规范的权力。

从具体内容看，《规范》规定了一系列禁设牌匾的情形，而《广告法》第四十二条规定了四类不得设置广告的情形，其中第一、第二两项是明确的，须加讨论的是第三项与第四项。其中，第三项涉及的是妨碍生产或者人民生活和损害市容市貌的情形，就前者看，牌匾设置之目的本身即是为便利生产生活；就后者看，是否损害市容市貌需经过一个讨论与论证的过程，否则难以断定。第四项涉及广告是否在国家机关、文物保护单位、风景名胜区等的建筑控制地带内，或者是否在县级以上地方人民政府禁止设置户外广告的区域内。本项规定中，前者是明确的，后者则须由县级以上人民政府确定，北京市城市管理委员会作为政府部门，没有权力通过《规范》予以确定。

进而言之，《规范》的相关内容实际上是减损了公民的权益，增加了义务。而中共中央、国务院印发的《法治政府建设实施纲要（2015—2020年）》明确规定："规范性文件不得设定行政许可、行政处罚、行政强制等事项，不得减损公民、法人和其他组织合法权益或者增加其义务。"

《北京市户外广告设置管理办法》（以下简称《办法》）对禁止设置户外广告的情形作了详细规定，《规范》的禁设规定若没有超出《办法》的规定，则实际上该《办法》才是禁设户外广告的依据；若是超出《办法》的要求，则其禁设规定是没有依据的，是不符合依法行政的要求的。

从制定程序看，根据《立法法》和《规章制定程序条例》的规定，规章的制定直接涉及公民、法人或者其他组织切身利益，有关机关、组织或者公民对其有重大意见分歧的，尚且应当向社会公布草案，征求社会各界的意见，甚至可以举行听证会。但此《规范》作为规章之下的行政规范性文件，涉及广大公众的切身利益，在其制定与修改过程中却无草案公布和公众参与的程序。

专项行动本身的合法性

本次以《规范》为主要和直接依据的专项行动的合法性值得商榷。

1. 行政目标与目的

《通告》中明确，此次目标是全面清理不符合《北京市牌匾标识设置管理规范》要求的建筑物屋顶、墙体上的广告牌匾，具体包括：超过建筑物屋顶高度和墙体边缘的户外广告、牌匾标识，垂直于建筑物墙体的户外广告、牌匾标识，附着于建筑物墙体的违规户外广告，"一店多招"、异地设置的牌匾标识"店内店"、在建筑物外墙体设置的牌匾标识和其他违反规范要求的牌匾标识。行政目的是"加强城市精细化管理，提升城市品质，打造视觉清朗的城市天际线，建设国际一流的和谐宜居之都"。

在一定意义上，行政目标是行政目的的直接要求，两者本质上相统一。行政执法行动的目的，是按照法律的要求维护社会公共利益。但公共利益本身是不确定法律概念，一项行政目标是否符合公共利益的要求，很多时候需要讨论确定。就当前情况，此次行动存在较大分歧，其公益性需要再论证。

2. 执法主体

有关牌匾管理方面的执法权，《北京市市容环境卫生条例》《北京市户外广告设置办法》已明确授权于城市管理综合执法部门。因涉及规划方面的事宜,此次专项执法行动的《通告》也由北京市城市管理委员会、北京市规划和国土资源管理委员会、北京市城市综合管理行政执法局联合下发。但《通告》第五条中还涉及其他执法机关如何行为,其合法性有待商榷。

3. 决策程序

《法治政府建设实施纲要(2015—2020年)》规定,要"增强公众参与实效。事关经济社会发展全局和涉及群众切身利益的重大行政决策事项,应当广泛听取意见,与利害关系人进行充分沟通,并注重听取有关人大代表、政协委员、人民团体、基层组织、社会组织的意见。各级行政机关特别是市县两级政府要加强公众参与平台建设,对社会关注度高的决策事项,应当公开信息、解释说明,及时反馈意见采纳情况和理由";"落实重大决策社会稳定风险评估机制"。此次专项执法行动涉及面广,其开展应是一个重大的行政决策,但在决策过程中,缺少与利害关系人及公众的沟通说明。

4. 执法方式

此次专项执法行动于11月24日发布通告,但公众不难感受到,12月以来,执法行动突然加速。此种执法方式可能的结果是短期成效显著,但不规范之处难以避免,这对于依法行政和法治政府建设的推进是不利的。同时，在专项执法的过程中缺少公众与官方沟通交流的渠道，也会损害公众对行政机关的信任，影响到政府的公信力。

专项行动的性质与公民权利的维护

此次专项行动主要针对不符合《北京市牌匾标识设置管理规范》的户外牌匾标识。但事实上，既有牌匾标识中的绝大部分，都根据《广告法》《北京市市容环境卫生条例》《户外广告登记管理规定》《北京市户外广告设置管理办法》，履行了行政许可的申请手续，是合法设置的牌匾。对这些合法设置的牌匾的拆除，属于对已经作出的行政许可的撤回。

根据《行政许可法》的规定，公民已经取得的行政许可是受到法律保护的，行政机关只有在两种情形之下可撤回行政许可。一是行政许可所依据的法律、法规、规章修改或者废止。当前并不存在法律、法规、规章进行修改或者废止的情形。此次专项执法行动所依据的仅是一个规范性文件，该《规范》的修改并不属于《行政许可法》所规定的"法律、法规、规章修改或者废止"。

二是准予行政许可所依据的客观情况发生重大变化。从牌匾设置的角度，其外部客观情况并没有发生任何重大变化。由此，相关行政机关不得在没有《行政许可法》所规定的上述两种情形的情况之下，决定撤回已经作出的行政许可。若行政机关认为，客观情况已经发生重大变化，则必须进行充分的论证说明，让行政相对人与社会公众信服。

再退一步，即使我们认可此次专项执法行动符合《行政许可法》的规定，存在"行政许可所依据的客观情况发生重大变化"的情形，相关行政机关的现有做法仍然存在问题。因为根据《行政许可法》第八条的规定，行政机关依法撤回已经生效的行政许可，"由此给公民、法人或者其他组织造成财产损失的，行政机关应当依法给予补偿"，而目前并无信息表明行政机关进行了补偿。

总而言之，此次集中清理建筑物牌匾标识行动已是开弓之箭，即使某些区暂停清理行动，它也造成了重大影响。从依法行政、推进法治政府建设的角度，对于此类影响面极广的集中执法行动，必须秉持谨慎的态度，进行充分的合法性论证，否则不仅可能损害公民的合法权益，还可能损及政府的公信力和法律的安定性，乃至影响法治政府建设的顺利推进，相关行政机关对此不可不思。

三十三、"散乱污"治理
　　　可以"一刀切"吗?

　　为推动京津冀及周边地区大气环境质量改善,环保部自2017年4月起,开展为期一年的大气污染防治强化督查。经几个月努力,治理工作取得明显成效,但同时也出现质疑声。

　　有观点认为,当前环保治理工作,尤其是对于"散乱污",存在"一刀切"现象,致众多企业被迫停产,失业人员增加,民生受到影响。

　　但从法治视角,此次治理过程中是否存在"一刀切"现象,存在何种"一刀切",是否导致一些人所称的"民怨沸腾"的严重后果,以及如何看待环境保护与经济发展之间的矛盾与平衡,仍需理性分析。

"散乱污"界定缺乏明确标准

　　近年,我国出现较为严重的环境污染问题,特别在北方一些地区，秋冬季持续大气重污染。对此，各级政府予以高度重视，采取一系列措施遏制环境恶化。

继 2013 年国务院印发《大气污染防治行动计划》（国发〔2013〕37 号）后，2017 年 2 月，环保部等机关联合发布《京津冀及周边地区 2017 年大气污染防治工作方案》（以下简称《2017 工作方案》），以其地区特点，对大气污染有针对性防治。"散乱污"治理被作为其主要任务之一。整治行动尽管取得一些成效，但大气污染的严峻局面并没有得到根本好转。

截至 2017 年 6 月底，京津冀及周边地区 28 个城市已核查出"散乱污"企业 17.6 万家，环保部要求，对无法升级改造达标排放的企业，9 月底前一律关闭。

2017 年 8 月，环保部等机关又联合下发《京津冀及周边地区 2017—2018 年秋冬季大气污染综合治理攻坚行动方案》，其中对"散乱污"企业的治理仍为重点内容。可以预见，在大气污染局面获得根本好转前，针对"散乱污"企业的治理力度将不断加码。

不过，在这种背景下，国家至今没有相关文件对何谓"散乱污"作出准确界定。《2017 工作方案》只提到，"相关地方各级政府对不符合产业政策、当地产业布局规划，污染物排放不达标，以及土地、环保、工商、质监等手续不全的'小散乱污'企业，依法依规开展专项取缔行动"。

各地对"散乱污"企业界定也有不同，如《河北省集中整治"散乱污"工业企业专项实施方案》规定，"散乱污"企业指"不符合产业政策，不符合当地产业布局规划，未办理工信、发改、土地、规划、环保、工商、质监、安监、电力等相关审批手续，不能稳定达标排放的企业"。

但这一界定仍有不明之处，其中最大的问题在于：若"散乱污"企业必须同时具备"不符合产业政策与布局规划""未办理相关审批手续""不能稳定达标排放"三大要件，则企业范围将大大缩小；若仅需具备其中一项，则范围将扩大。

"一刀切"争议的实质

因界定不明，一些地方在治理过程中，或基于达成政策目标考虑，或因对法律的理解存在偏颇，出现了被称为"一刀切"的现象。但这并非质疑者所称"一刀切"的全部，更多情形下，人们因为大规模的治理行动不分青红皂白囊括某一行业或地域的众多企业而将其称为"一刀切"。

由此可见，尽管当前对是否存在以及应否实施"一刀切"做法存在争议，但争议各方对"一刀切"本身界定是不同的。

有评论认为，这是某些利益相关方为维护自身既得利益，通过绑架舆论来指摘执法。毋庸置疑，治理行动客观上的确导致较大范围企业关停，从结果角度看，质疑者的指摘有着客观事实依据；但从执法角度看，只要是针对违法企业，即应进行查处，该关停的关停，该治理的治理，关停范围大小不仅不影响执法行动的合法性，还恰恰说明执法机关在严格执法。

实际上，若行政机关的"一刀切"只是对真正违反法律与政策规定的企业进行治理，那么这种"一刀切"完全合法，并且应该实施。但是，若出现为达成特定时期环保政策目标，无论企业违法与否，对某一行业或地域的企业实施全面关停，那么这种做法就是违法的，是真正值得关注的"一刀切"。

更深入地看，争议之所以存在，除一些人的现实利益因治理行动而受影响外，还在于，任何环保治理行动事实上都涉及一些不可避免的矛盾关系，但人们对这些矛盾关系该如何处理并没有充分的认识。

这些矛盾关系应该包括：

首先，经济发展与环境保护的关系。经济发展是社会普遍追求，也是公众利益所在，因此各个国家与地区都积极发展经济。但经济发展一定程度上会导致环保问题，特别是在工业化中前期，甚至可能直接以牺牲环境为代价。从而，在一定范围内，就面临到底是追求经济发展，还是追求环境保护这一貌似不可调和的矛盾。

其次，当前与长远的关系。对一个地方而言，着眼于当前利益，经济发展通常符合需要，特别在较不发达的地区，经济发展是地方政府的首要目标，环保则在其次。但从长远看，当前经济发展所获取的收益，将来可能需要付出比所得多出数倍甚至更多的代价进行弥补。

最后，从业者与一般公众的关系。从一般公众的利益着眼，"散乱污"治理当然是必要和有利的，但势必会影响相关企业主的利益与相关行业和企业工人等群体利益。

在上述矛盾冲突关系下，"散乱污"治理出现不同声音是合乎逻辑也是必然的，公众对此大可淡然视之，而不必口诛笔伐。

以法治思维治理"散乱污"

《中共中央关于全面推进依法治国若干重大问题的决定》指出，"行政机关要坚持法定职责必须为、法无授权不可为，勇于负责、敢于担当，坚决纠正不作为、乱作为，坚决克服懒政、怠政，坚决惩处失职、渎职"。在环保领域，这一要求同样适用，各级政府与环保机关应严格履行环境保护职责，依法对当前的"散乱污"现象实施治理。

具体而言，按照法治的思维开展"散乱污"企业治理工作，需做到以下几条：

一是坚持依法治理，相关政策应有法律依据和授权。对行政机关而言，法定职责必须为、法无授权不可为是依法行政的基本要求。各级政府与环保机关在"散乱污"治理过程中，应处理好政策与法律的关系。实施法律时，可出台一定的政策文件，但不可本末倒置，脱离法律，形成依政策治理的局面。

同时，必须坚持以法律为政策的权力渊源，所制定政策，必须有法律依据。在法律有规定的情形下，必须按法律规定办理，政策内容不得超越法律授权，更不得违反法律的明确规定。

二是明确界定"散乱污"企业的内涵外延。对影响环境的"散乱污"企业进行治理是环境保护的必然要求，但在实施治理过程中，首先要明确何谓"散乱污"，哪些企业属于"散乱污"。目前，对"散乱污"缺少严谨和明确的界定，一些地方甚至任意指定某些企业属于"散乱污"并实施治理，一定程度上成为违法"一刀切"现象的最重要原因。为此，必须依法界定并向社会公布"散乱污"内涵，明确其构成要件，进而确定哪些属于"散乱污"企业。

三是严格按照法律规定的措施进行治理。在界定何谓"散乱污"企业后，各级政府和环保机关还需遵循严格准确执法的要求，采取法律所规定的手段和措施实施治理行动。

对"散乱污"企业实施治理，不是因其被列入"散乱污"范围，而是针对其违法行为依法采取相应的措施。对于那些本身没有违法之处，只是因法律与政策变化而不符合当前环保要求的企业，则不可采取制裁性手段予以治理。在依法治理的意义上，对所有违法企业都应实施"一刀切"，只不过，这一刀应是法律之刀，而非脱离法律的政策之刀，更不应是没有任何法律与政策依据的乱刀。

四是采取积极稳妥的方法开展治理工作。在法治理念下，任何主体都应受到平等对待，即使作为执法对象，其待遇也应是平等的。

对行政机关而言，执法行动的开展还存在方法与策略问题，一方面要严格执法，另一方面要讲究执法策略，积极稳妥地推进执法，不宜在不必要时采取僵化生硬的执法行动，徒然增加执法成本，降低执法效率。同时，政府作为公共机构，本身承担解决就业和民生问题的职责，应将"散乱污"治理与民生保障予以综合考虑。

五是严格实行责任追究制度。在某些范围和领域内，"散乱污"企业大规模存在的确有历史原因，但更多情形下，这一现象的形成，都与行政机关不作为有密切关系。事实上，这也是质疑者提出质疑的重要理由：为何当初开办时，政府没有提出环保等方面的相关要求，现在却以此为由进行取缔？尽管此理由改变不了"散乱污"行为的违法性，但从依法行政角度，恰恰说明执法者一度违背"法定职责必须为"的要求。

　　因此，对行政机关及其工作人员的失职必须进行追责，追责不仅仅是对失职者的惩戒，更警示其他执法者要依法行政，也有利于消解治理对象的不满，对当前治理工作有推动作用，同时有利于减少"散乱污"现象死灰复燃的可能性。

第五章

法治的多面性：你不理法，法就不理你

- 三十四、免于恐惧是一种无从放弃的权利

- 三十五、正确理解生育政策的新旧衔接问题

- 三十六、《人口与计划生育法》修正后，已经征收的社会
  抚养费还能要求返还吗？

- 三十七、1735 名村民告区政府：见怪不怪之日，方是法治
  胜利之时

- 三十八、信息处理费是政府信息公开的调节手段还是处理
  成本？

- 三十九、公职人员殴打他人，不能因受到政务处分而了之

- 四十、平反冤案后我们应该做什么？

- 四十一、拜鬼求神，寻衅滋事与责任追究
  ——南京玄奘寺供奉日本战犯事件追责应严格、
  依法进行

- 四十二、挺身而出与否，这不仅是个人的事

- 四十三、陆谦的帽子

三十四、免于恐惧是一种无从放弃的权利

  张某生是《兰州晨报》驻武威市记者站记者，多年来坚持报道"负面新闻"。2016 年 1 月 7 日下午，张某生得悉附近发生火灾的信息后离家，随即失去联系。2016 年 1 月 9 日，武威市凉州区公安局的行政处罚决定书显示，张某生因涉嫌嫖娼于 1 月 7 日被抓获，被处以行政拘留 5 日的行政处罚；1 月 14 日，张某生因涉嫌敲诈勒索被刑事拘留；1 月 25 日，凉州区人民检察院以涉嫌敲诈勒索罪将张某生批捕。武威市公安局发布的通报称，2011 年以来，张某生伙同他人，利用记者身份，借舆论监督之名，多次敲诈勒索他人财物。

  据报道，张某生被指敲诈勒索的 5000 元均来自政府单位。而《兰州晨报》在《致武威市凉州区委政法委的一封公开信》则称，如果张某生被动接受财物的行为构成受贿或敲诈勒索，那么给他送财物的相关领导干部就构成行贿，也应当追究其违法犯罪行为。

  2016 年 1 月 30 日晚，甘肃省人民检察院启动对"武威

记者涉嫌敲诈勒索被捕案"的审查，派出工作组赴武威市。2016 年 2 月 6 日，甘肃省人民检察院发布核查通报，认定张某生敲诈勒索 5000 元的犯罪事实清楚，证据充分；其涉嫌嫖娼事实不清、证据不足。建议公安机关变更强制措施，对张某生取保候审。

同日，甘肃省公安厅通报称，凉州区公安局认定张某生嫖娼案事实不清、证据不足。省公安厅依法责令武威市公安局撤销凉州区公安局作出的行政处罚决定。随即，武威市公安局对外通报，撤销凉州区公安局作出的对张某生行政拘留5 日的处罚决定，并对张某生实施国家行政赔偿，对执法过错责任人员停止执行职务、追究责任。当晚，张某生被取保候审回到家中。

2016 年 5 月 19 日，武威市凉州区人民检察院对张某生涉嫌敲诈勒索一案审查终结。因张某生犯罪情节轻微，认罪悔罪，积极退赃，根据我国《刑事诉讼法》第一百七十三条第二款之规定，对其作出不起诉决定。张某生表示服从检察机关的决定。

被关了一个月后，在社会舆论等各种因素的影响下，张某生终被释放。然而，很快有人发现，曾满怀新闻理想的《兰州晨报》记者张某生，"整个人都变了"，"像傻了一样"，他没有再从事新闻工作。被抓事件一年之后，《上游新闻》记者去访问了他，注意到他烟瘾变得比以前大，经常闷在家抽一包烟，很少出门，走在路上会不时回头注意身后是否有人，和熟人谈话时会主动关闭手机。

曾经满怀理想的记者，何至于如此惶惶不可终日？其中之因，全在于恐惧。

恐惧是什么？是害怕、担忧、畏惧。《辞海》的解释是："畏惧。《易经·震卦·象曰》：'洊雷震，君子以恐惧修省。'《薛仁贵征辽事略》：'仁贵连飞三箭，射三旗头坠骑，使辽兵生恐惧之心。'"简而言之，恐惧就是害怕不好的后果发生在自己身上。而这种后果是什么内容则是复杂的，诸如失去财产、失去自由、遭受暴力、失去工作、失去生活来源、失去社会地位，乃至失去生命，等等，都在其内。

作为一种不利的后果，恐惧与法律责任是不一样的。法律责任通常指因违反法律的规定而遭受的不利后果，法律责任应是公正的、透明的、可预测的，法律责任的承担者因其行为的可责难性，通常也都认可法律责任本身的正当性，因此敬畏而不是恐惧。恐惧则与法律责任不同，它与公正无关，往往是不透明、不可预测的。你不知道你所恐惧的事情什么时候会来临，以什么样的方式来临，也不知即将到来的事情到底是什么内容。恐惧的神秘性，正是其可怕的原因之一。

恐惧是一种强大的力量，轻则会让人选择调整行为，重则会让人失魂落魄，甚至失去生存的勇气——它比死亡还可怕。作为普通的人，一旦遭受恐惧，往往方寸大乱，不敢说不敢做不敢想，无论说、做、想的内容是什么。曾经满怀理想的"耿气"记者，在恐惧之下，竟至于变了个人一样，与熟人谈话也会关闭手机，这正是恐惧力量的体现。

恐惧具有如此可怕的力量，它一旦被利用，则在其影响之下的每一个人，都可能惶惶不可终日，为避开恐惧之事而努力调整自己的行为。你想象一下，如果哪一天，接到一个类似于"小伙子，你是××人，你住在××地方，你的孩子在××学校上学，你敢这样做，你等着瞧"的电话，恐惧之下，你还敢做你原来准备做的事吗？哪怕它是正当的！如果有一天，你认为只要做特定事情，这个电话就必然会来或极可能会来，在这样的情形之下，是不是不用这个电话真的到来，你就赶紧放手不做了？

恐惧如此可怕，也正因此，免于恐惧，才是一种重要的、无从放弃的权利。记者张某生案中的恐惧力量，已经足够让人心惊，肯定有人期待着，在一个特定地方开展新闻活动，不必再处于这样的恐惧之中。

对免于恐惧的期待，在其他地域、领域，对所有人，都是一样的。

三十五、正确理解生育政策
的新旧衔接问题

2021 年 5 月 31 日，中共中央政治局召开会议，审议《关于优化生育政策促进人口长期均衡发展的决定》，作出了进一步优化生育政策，实施一对夫妻可以生育三个子女的重大决策。

党的十八大以来，党中央根据我国人口发展变化形势，先后作出实施单独两孩、全面两孩政策等重大决策部署，取得积极成效。进一步优化生育政策，实施一对夫妻可以生育三个子女政策及配套支持措施，是党中央在前述决策的基础上，针对当前我国人口新形势作出的新的重大决策，它有利于改善我国人口结构、落实积极应对人口老龄化国家战略、保持我国人力资源禀赋优势。

对于公民而言，实施一对夫妻可以生育三个子女政策，使得一些具有生育条件和意愿的育龄夫妇有了生育第三孩的现实可能性和政策依据。但需要注意的是，我国是法治国家，全面依法治国也是党中央作出的重大决策，在生育政策的调整方面，也需要贯彻依法治国的理念，就如党中央决策中所明确的一样，要"依法组织实施三孩生育政策"。因此，三孩生育决策的作出，不意味着现行的生育法律法规就是无效的，也不意味着决策作出之后马上生育就是符合现行法律的，更不意味着之前依据现行法律所作出有关生育方面的处理决定就需要推倒重来的。相反，有关新旧生育政策和法律规定的衔接问题，必须从法治的视角予以正确看待和理解。具体而言，在新旧政策和法律衔接过程中，以下几个方面的问题需要特别予以注意。

1. 有关"一对夫妻可以生育三个子女"决策和《人口与计划生育法》之间的关系问题

"一对夫妻可以生育三个子女"是党中央在新人口形势下作出的重大决策，但党的决策还需要转化为法律的规定之后才正式予以实施。中央决策已经明确，要"依法组织实施三孩生育政策"。我国现行《人口与计划生育法》是2001年12月29日由全国人大常委会通过的，2015年12月27日进行了修正，2021年6月18日，李克强主持召开国务院常务会议，通过《中华人民共和国人口与计划生育法〈修正草案〉》，决定提请全国人大常委会审议。按照依法治国的要求，尽管"一对夫妻可以生育三个子女"决策已经于2021年5月31日作出，但其正式实施仍然要等到《人口与计划生育法》正式修改实施后。换言之，在《人口与计划生育法》修改实施之前，如有未经批准生育第三孩的行为，无论其发生于 2021 年 5 月 31 日之前还是之后，都属于违反现行法律的行为。

2. 有关《人口与计划生育法》修正实施之前生育三孩是否属于"超生"及是否予以处理问题

此处所谓的处理，主要包括原《人口与计划生育法》第四十一条规定的对违反规定生育的公民征收社会抚养费，也包括国家工作人员等依法受到的行政处分、纪律处分等。按照"实体从旧"的原则，对《人口与计划生育法》修正实施前违反规定生育的公民，对其行为的合法性应按当时有效的法律进行评价，换言之，这种行为在定性上仍属于"超生"违法行为。至于对此种超生违法行为的处理问题，由于"处理"属于负担性行为，在性质上接近于行政处罚，通常遵循从旧兼从轻原则，也就是说一般按旧的规定进行处理，但新的规定处理较轻或不认为是违法行为时，则按新的规定处理。有鉴于此，对《人口与计划生育法》修正实施之前生育三孩的行为，都不应予以处理，无论其发生在 2021 年 5 月 31 日之前，还是发生在其后。而有关生育四孩或更多孩子是否处理问题，则视修正后的《人口与计划生育法》内容而定，若无惩处性规定，则不予处理；若仍有惩处性规定且比原规定更轻，则依然按新的规定处理。特别要予以注意的是，在新修正的《人口与计划生育法》实施之前，对于已经发现的违法生育行为是否要予以处理问题，鉴于放宽生育乃是政策方向，故对在此期间发现的违法生育行为，应该予以暂缓处理。

3. 对因违反生育规定而受到的处理，是否可以申请予以撤销问题

在实施严格计划生育政策期间，有不少家庭因为违反生育规定而受到了包括被征收社会抚养费在内的各种处理，这些处理多数是按照当时有效的法律规定实施的。在实施三孩政策后，之前因为生育三孩乃至二孩而被处理的人，是否可要求遵循现行政策与法律的精神而要求撤销原处理决定？对此，应该认识到，尽管当前我们的政策是允许和提倡一对夫妇生育三个孩子，但就当时而言，政策和法律规定的是一对夫妇生育一个或两个孩子，如果未经批准而生育了三个或两个孩子，则属于违法行为，有关行政机关对此作出相应的处理，符合当时的法律与政策规定，是合法的行政行为，既然是合法的行政行为，就不应该在法律上被否定，即使是其后法律本身作了调整，也不能因此否定之前的合法行政行为。概言之，对之前因违反生育规定而受到的处理，是不能再要求予以撤销的。当然，如果处理是违反当时的法律规定的，则可以依法通过一定方式要求重新进行核查乃至撤销。比如，对于一些地方曾经出现的没有任何法律依据的诸如扒房

牵牛这样的极端处理措施，属于无效行政行为，可在法定的范围内，通过提起确认无效的行政诉讼寻求救济。

4. **违反政策和法律规定生育的家庭，是否可享受相关支持配套政策问题**

中央政治局会议指出，要"提高优生优育服务水平，发展普惠托育服务体系，推进教育公平与优质教育资源供给，降低家庭教育开支"。配套实施积极的生育支持措施是这次优化生育政策的重要内容，国家在优生优育、普惠托育、生育休假和生育保险、税收、住房、教育等方面都出台了配套支持措施，以鼓励公民合法生育。那么，在新生育政策出台之前违法生育了三孩乃至更多孩子的家庭，是否可享受相关支持配套政策？对此，应该视情分别处理。对于违法生育了二孩、三孩的家庭，无论其是否曾经受到处理，都应该如三孩政策之后出生的三孩一样，予以享受相应的政策待遇。对于生育了三孩以上的家庭，可将支持政策待遇进行分为基本保障待遇和鼓励性待遇，前者如普惠托育、生育休假等，后者如税收优待乃至直接的奖励待遇，基本保障待遇是所有生育了孩子的家庭都应该享受的，而鼓励性待遇则是符合政策和法律生育孩子的家庭才可享受的。这种分别处理的理由在于，首先，生育政策主要是针对生育者的，而不是针对孩子的，即使父母有违反政策与法律的行为，孩子也是无辜的，不应该受到惩罚性待遇。其次，对于之前违反规定生育二孩或三孩的家庭，他们有的已经受到了处理，有的虽未受到处理，在经历了政策调整与法律修改，他们的行为相当于已经受到了相应的法律评价，在当前政策与法律规定之下，二孩和三孩都是符合政策导向的，因此这些家庭应该与合法生育孩子的家庭一样享受相应待遇。最后，生育支持政策待遇的内容是随着社会发展而不断丰富的，在一定的阶段，当难以做到所有家庭都享受相关待遇的时候，则可让符合政策与法律的家庭优先享受，这样也符合政策导向。当然，从大方向看，随着社会经济的发展和生育政策的调整，这些支持政策应逐步丰富内容，并覆盖更多的家庭。

（注：2021 年 5 月 31 日，中共中央政治局召开会议，审议《关于优化生育政策促进人口长期均衡发展的决定》，此"决定"后于 2021 年 7 月 20 日公布。2021 年 8 月 20 日，第十三届全国人民代表大会常务委员会第三十次会议对《人口与计划生育法》进行了修正。本文写作于中共中央决策之后、《人口与计划生育法》修正之前，讨论两者衔接问题。）

三十六、《人口与计划生育法》修正后，已经征收的社会抚养费还能要求返还吗？

  根据党中央有关调整生育政策的重大决策，2021 年 8 月 20 日修正的《人口与计划生育法》取消了社会抚养费。无论生育几个孩子，都不再有征收社会抚养费的问题。

  围绕社会抚养费问题，特别是已经征收的社会抚养费是否予以退还，以及按当时法律应该征收但实际上未予征收的社会抚养费是否还要予以征收问题，社会上出现一些不同的意见。有些人认为，新修正的《人口与计划生育法》已经明确超标准生育不再征收社会抚养费，且对生育三胎以内的行为实行鼓励性措施，这说明，生育三胎以内的行为是符合社会需要的，那些因此被征收社会抚养费的人恰恰是提前为我国的人口发展做了贡献，既然如此，对已经征收的社会抚养费应该予以退还。也有人认为，若按法律规定已经征收的社会抚养费不再退还，而未予征收的则不再征收，那么这就意味着，同样都是违反了当时生效法律的行为，却面临两种不同的结果，这是不公平的，要么已经征收的应该予以退还，要么尚未征收的应该予以征收，这样才能体现公平。

在新修正的《人口与计划生育法》取消社会抚养费的情形下，相关问题的提出，有其特定的社会与历史背景。作为一个法治国家，在强调全面推进依法治国的今天，如何看待上述问题，还必须从法律的角度进行分析。

社会抚养费最早规定在 2001 年颁布实施的《人口与计划生育法》中，取代了原来计划生育罚款。在上述法律实施的 20 年中，客观上，有不少人因为超计划生育而被征收了社会抚养费。但近些年来，随着人口形势的发展、人们认识的变化和生育政策的调整，征收社会抚养费的情形相对而言变少了。

征收社会抚养费制度，就当时的人口形势与人们的认识而言，它是符合现实需要的，对落实计划生育基本国策，遏制被认为过快增长的人口起到了重要的作用。对超生的家庭征收社会抚养费，也符合当时的法律规定。

新法实施之后，不仅超生行为不再被征收社会抚养费，符合国家政策导向的三胎以内生育行为，还被国家通过生育、教育、税收等方面配套政策所鼓励。但是，新生育政策和法律的实施，不意味着对过去法律规定的否定；社会抚养费的取消，不意味着之前作出的社会抚养费征收决定就是违法的。法治理念要求人们严格遵守已经制定的公正的法律，对于依法作出的行政决定，原则上不能因为法律的变更就予以撤销或变更，否则，法律的安定性就会受到挑战，法律的权威就无法得到保证。因为新修正的法律取消了社会抚养费，就要求退还已经依法征收的社会抚养费，小而言之，这是对《人口与计划生育法》及其修正的一种误解；大而言之，若按这种要求去做，则不利于人们法律信仰的确立，会造成对法治国家建设的损害。

当然，也应该认识到，在生育政策实施和社会抚养费征收的过程中，有些地方的确存在一些不规范乃至不合法的做法。对于这些行为，各相关行政机关有必要遵循依法行政原则，按照有错必纠的要求，自觉进行纠正，特别是对那些依法不应征收而征收了的社会抚养费，应该予以退还。被违法征收了社会抚养费的公民，也有权通过合法的途径寻求救济，要求予以退还。

至于有人认为，有些违反修正之前的《人口与计划生育法》"超生"的家庭，没有被征收社会抚养费，这对于已经征收的家庭而言是不公平的，因此对其也应予以征收，这种观点也是不能成立的。征收社会抚养费制度是在原计划生育罚款制度的基础上发展而来的，虽然不称为罚款，但两者在性质上是接近的，都是一种负担性行为，都带有一定的惩戒性。从法理上，对于负担性行政行为，实体上须遵循"从旧兼从轻"原则，即在处理时须适用相关行为发生时的法律规定，但是，若作出负担性行政行为时，旧法律已经被修改或者废止，而新的规定处理较轻或者不认为是违法行为时，则按新的规定处理。比如，《行政处罚法》第三十七条即明确作了此规定：实施行政处罚，适用违法行为发生时的法律、法规、规章的规定。但是，作出行政处罚决定时，法律、法规、规章已被修改或者废止，且新的规定处罚较轻或者不认为是违法的，适用新的规定。按此原理，就社会抚养费而言，如果当事人存在修正之前的法律所规定的"超生行为"，但直到法律修正之后才予处理，那么，因新修正的法律此时不认为其生育行为系违法行为，故也就不能再征收社会抚养费。不仅针对生育三胎的行为如此，对于生育四胎以上的家庭，由于新的法律并没有规定征收社会抚养费制度，因此也不应该被征收社会抚养费。

三十七、1735名村民告区政府：
见怪不怪之日，方是法治胜利之时

2024年4月10日下午，温州市中级人民法院开庭审理了龙湾区永兴街道五溪村委会诉龙湾区人民政府继续履行行政协议案。160多名村民从五溪村前来温州中院参加庭审。

此次庭审的背后，则是一起特殊的"民告官"案件：2008年3月，龙湾区永兴街道办和五溪村委会签订的《政策扶持协议书》约定，五溪村委会将其拥有使用权的10531亩滩涂交由龙湾区人民政府收回，永兴街道办则建设总建筑面积64197平方米的钢混结构标准厂房，无偿归五溪村委会所有、支配。龙湾区人民政府收回了滩涂使用权后，一直未如约向村里交付厂房。为此，该村村民多次向村委会、街道办负责人反映标准厂房产权登记问题，但均无结果。后来，村民要求村委会提起行政诉讼，但被村委会主任拒绝。此后，在律师的协助下，按照《最高人民法院关于审理涉及农村集体土地行政案件若干问题的规定》第三条的规定（村民委员会或者农村集体经济组织对涉及农村集体土地的行政行为不起诉的，过半数的村民可以以集体经济组织名义提起诉讼），五溪村集体经济组织总共 2976 名成员中，有 1735 名成年村民同意以五溪村委会的名义提起本案诉讼。

本案一经披露，就引发了媒体的高度关注。其原因在于，本案存在两大特殊之处。

首先，涉及人数众多。本案原告虽为村委会，但由于村委会负责人不同意起诉，故实际提起本案诉讼的是多达 1735 名村民。尽管《行政诉讼法》及其司法解释对"当事人一方人数众多的共同诉讼"及其制度安排作出了规定，但实践中当事人一方人数多达千人以上的案件并不多见。

其次，本案援引《最高人民法院关于审理涉及农村集体土地行政案件若干问题的规定》第三条即所谓"村委会不同意，超半数村民可起诉"条款而成功提起行政诉讼，此种情形在实践中更是少见。据相关媒体转引本案律师的说法，"没找到一个类似案例，唯独找到一个最高法的裁定判例，结果是以村民人数未过半为由，被最高法予以驳回"。

鉴于本案所具有的上述特殊性，其得以被法院受理并开庭审理，的确具有典型意义。它不仅有利于本案行政纠纷的司法解决和利害关系人合法权益的维护，也完全可能对类似案件的处理起到标杆作用，促进维护相关当事人的合法权益，同时，本案有效激活了《最高人民法院关于审理涉及农村集体土地行政案件若干问题的规定》第三条，使相关的法律条文从沉睡中醒来，发挥其本应发挥的作用。

我们也有理由相信，该案之所以发生在温州，除案件当事人等方面积极努力的"偶然性"外，也有当地长期以来践行依法治国、促进行政法治的"必然性"，说明了当地行政机关和司法机关具有法治的基本理念，说明了当地具有良好的法治土壤。毕竟，改革开放之后第一个"民告官"案件，就是发生在温州。我们期待，本案的审理只是一个良好的开端，在良好的开端之后，法治可以得到更多的重视，人们的权利可以得到更好的保障，人民群众的司法获得感可以不断地增强。

但是，在兴奋之余，我们仍然有必要保持一份淡定。本案一经报道就成了舆论关注焦点，恰恰说明类似情形之下，人们的权利通过司法途径得以维护并未成为常态。然而，行政诉讼制度经过 30 余年发展，于制度层面已经相对完善，有关原告资格、起诉程序等方面的事宜，法律上也多有相应规定。公民、法人和其他组织通过行政诉讼途径维护自己的合法权益，实践中并非罕见之事，在不考虑人数众多的前提之下，本案原本不应成为一个需要特别予以关注的案件。随着法治的进一步完善，什么时候人们对类似案件见怪不怪了，那才是法治真正胜利的时候。

同时，从目前披露的信息看，本案中仍然还有一些值得我们警惕与注意的地方。

首先，在本案立案的过程中，温州中院立案庭对 1641 名村民提出身份验证，要求所有想要起诉的村民需要手持身份证和起诉状并拍照。验证身份原是正常程序，也是法院的职权所在。但法律对如何验证身份并无具体的规定。一般而言，人数众多的类似案件中，村民提供身份证件复印件、有相关的决议、同意的村民在决议上签名摁手印，即可认定这些村民支持起诉。本案温州中院的验证身份之做法或许是为了慎重起见，但这种方法的必要性是值得商榷的。若作"恶意"的揣测，甚至可能认为是司法机关在为村民的起诉设置障碍，通过此方式阻止起诉。当然，我们希望此种"恶意揣测"是多余的。

其次，出席庭审的龙湾区副区长向记者表示，一直以来，区政府对依法行政的工作都非常重视，区领导出席行政诉讼案件是政府依法行政的体现，也是尊重司法的具体行动。针对该案，他表示，这个案件涉及的群众比较多，区里支持法院的依法判决，对于群众的合理合法诉求，也会从依法行政的角度积极作为。政府负责人能作此表态，当然是值得肯定的。但问题是，该案所涉行政协议从 2008 年签订至今，已长达 16 年。尽管目前披露的信息没有显示履行期限，但长达 16 年的时间里，行政协议的约定仍然没有得以履行，且出现了与协议约定（"建设总建筑面积 64197 平方米的钢混结构标准厂房，……无偿分配给乙方，并归乙方所有支配”）不符的将厂房交给相关公司接手并运营长达近 9 年的情形，这无论如何都难说是一直坚持做到了依法行政和信守承诺。

最后，本案为何需要援引《最高人民法院关于审理涉及农村集体土地行政案件若干问题的规定》第三条方得以启动，本身也值得思考。《村民委员会组织法》第二条规定，村民委员会向村民会议、村民代表会议负责并报告工作。第十条规定，村民委员会及其成员应当……执行村民会议、村民代表会议的决定、决议。第二十一条规定，村民会议由村民委员会召集。有十分之一以上的村民或者三分之一以上的村民代表提议，应当召集村民会议。第二十四条第一款第九则规定，村民会议认为应当由村民会议讨论决定的涉及村民利益的其他事项。按上述规定，当多数村民认为需要提起行政诉讼时，可循《村民委员会组织法》规定的途径，召开村民会议作出决议，由村民委员会执行而提起行政诉讼。本案中为何无法按此模式提起行政诉讼，而需要由半数以上村民签名以村委会名义提起诉讼？为什么《村民委员会组织法》规定的机制无法有效运行？

无论如何，这样一个村委会和村集体经济组织负责人不同意起诉的行政诉讼，经由 1700 余名村民的努力，终于得以立案，这是值得肯定的，至少在程序上为类似情形下通过法律途径维护村民合法权益作出了一个良好的示例。司法作为维护公正的最后一道关口，必须在纠纷的公正解决方面发挥其应有的作用，在公民、法人和其他组织的合法权益有被侵害之虞时，为其提供保护与救济的途径，使违法的行政行为受到监督、得以纠正，使受到侵害的权利得以维护，用法治保障人民安居乐业。

三十八、信息处理费是政府信息公开的调节手段还是处理成本?

2023 年 6 月,市民葛某向杭州市萧山区南阳街道办事处申请公开"美丽河道建设工程二期项目"的招标和结算等政府信息。同年 7 月,该街道办向葛某发出《关于收取信息处理费的通知》称,因其申请公开的政府信息共计 754 页,根据有关规定,应当缴纳信息处理费 24860 元。此事引发舆论关注后,相关负责人回应媒体再强调,此事是符合规定的,主动公开不是全免费公开。

事实上,因申请政府信息公开而被要求缴纳高额信息处理费的,葛某并非是孤例。在福建莆田市涵江区,被征收人陈女士申请区政府公开所涉案项目各家各户征收补偿情况,区政府答复称可以公开,但是要收取 121980 元的信息公开处理费,即便以电子数据形式公开也要收取。而早在 2021 年 10 月,济南市历城区鲍山街道办居民李某向所在街道申请公开有关征收及补偿的政府信息,也被街道办认为"数量、频

次明显超过合理范围"，故要求支付 15.47 万元信息处理费，
否则视为放弃申请。

前述被申请政府信息公开的行政机关要求申请人缴纳
高额的信息处理费，并非全无依据。至少在形式上，其要
求收费的依据包括《政府信息公开条例》第四十条的规定，
以及由国务院办公厅制定的《政府信息公开信息处理费管
理办法》。

然而，有形式上的依据，是否就意味着对政府信息公开
申请收取高额信息处理费就必然是合法的？甚至，即便是作
为相关行政机关收费具体依据的《政府信息公开信息处理费
管理办法》，其设定的收费目的、条件、标准等等，是否就
必然合乎《政府信息公开条例》的规定？

为什么收取信息处理费？谁有权制定收费的 "具体办法"？

《政府信息公开条例》第四十二条第一款规定："行政机
关依申请提供政府信息，不收取费用。但是，申请人申请公
开政府信息的数量、频次明显超过合理范围的，行政机关可
以收取信息处理费。"据此，行政机关收取信息处理费的目
的是防止和减少申请人滥用政府信息公开申请权的行为，即
"申请公开政府信息的数量、频次明显超过合理范围"，以免
造成行政机关工作的困扰并浪费公帑。因此，当且仅当出现

三十八、信息处理费是政府信息公开的调节手段还是处理成本？

申请人申请政府信息公开的"数量、频次明显超过合理范围"时，被申请公开的行政机关才可以收取信息处理费。除了这一情形外，行政机关不得为其他任何目的收取信息处理费。

然而，《政府信息公开信息处理费管理办法》第二条有关收取政府信息公开处理费目的的规定是："本办法所称信息处理费，是指为了有效调节政府信息公开申请行为、引导申请人合理行使权利，向申请公开政府信息超出一定数量或者频次范围的申请人收取的费用。"这也就意味着，在该办法中，收取信息处理费的目的不仅仅是《政府信息公开条例》所明确的防止与减少申请人滥用政府信息公开申请权的行为即"申请公开政府信息的数量、频次明显超过合理范围"这一目的，而是进一步扩大为"有效调节政府信息公开申请行为、引导申请人合理行使权利"。在没有证据予以证明的前提下，该办法的这一目的设定和《政府信息公开条例》第四十二条所规定的收费目的显然是不可同日而语的，至少在解释上，它扩张了收取信息处理费的目的，扩大了信息处理费的收取范围。而实践也证明，目前的规定对公民行使信息公开申请的权利造成了极大的影响。

事实上，《政府信息公开信息处理费管理办法》不仅仅在收费目的上存在超越《政府信息公开条例》所规定收费目的的嫌疑，其由国务院办公厅制定，在制定主体上也是值得商榷的。《政府信息公开条例》第四十二条第二款规定："行政机关收取信息处理费的具体办法由国务院价格主管部门会同国务院财政部门、全国政府信息公开工作主管部门制定。"这一条款明确规定，国务院价格主管部门才是制定政府信息公开信息处理费具体办法的牵头单位，其他行政机关只是会同其制定，因此该办法应该由价格主管部门发文，而不应由其他部门发文。在我国，一般认为，国务院发展与改革部门是价格主管部门，国家发改委内设机构中还专门设有价格司。也因此，行政机关收取信息处理费的具体办法应该由国务院发展与改革部门牵头制定。

当然，国务院办公厅是一个特殊的机构，对其法律地位，理论上和实践中都有一定的争议。《国务院组织法》仅提及"国务院设立办公厅，由秘书长领导"，它并非国务院的部门，而是国务院日常工作的执行机构，协助国务院领导同志处理国务院日常工作。但国务院办公厅又具有特殊的重要地位，它不是独立的行政机关，却可以以自己的名义对外发文，在国家行政管理工作中起到特殊的作用，一定意义上，国务院办公厅的意见即可认为是国务院的意见。尽管如此，《政府信息公开条例》既然已经明确规定，"行政机关收取信息处理费的具体办法由国务院价格主管部门会同国务院财政部门、全国政府信息公开工作主管部门制定"，那么，该办法就应该由国务院价格主管部门来制定，而不应由国务院办公厅来制定，否则就不符合《政府信息公开条例》的要求。如果确实需要由国务院办公厅来制定信息处理费的具体办法，则应先启动行政法规修改程序，对《政府信息公开条例》的相关条款进行修改，再由国务院办公厅制定收取信息处理费的具体办法。

何谓"数量、频次明显超过合理范围"？

根据《政府信息公开条例》第四十二条的规定，只有在申请人申请公开政府信息的数量、频次明显超过合理范围时，行政机关方可以收取信息处理费。由此，界定何谓"申请公开政府信息的数量、频次明显超过合理范围"就具有十分重要的意义，它决定了在一个特定的案件中，到底是否应收取信息处理费。"合理范围"本身是一个不确定法律概念，不同的主体可能作出不同的理解，而《政府信息公开条例》更要求，申请人的申请"明显超过合理范围"时，才可收取信息处理费，这就使得对其进行能取得普遍认同的适当界定更具必要性。

需要注意的是，《政府信息公开条例》这一表述意味着，如若行政机关要收取信息处理费，则申请人申请政府信息公开的数量和频次不仅应是不合理的，并且应该是"明显不合理"的。只有当申请人的申请"超出合理范围"达到"明显"的程度时，行政机关才可收取信息处理费，而不可仅仅因一般的超出合理范围就收取。而所谓的"明显超出",则要求申请人申请的频次和数量显然超出一般人按其生活经验、生活常识所可接受甚或忍受的程度。

作为实施性的规范性文件,《政府信息公开信息处理费管理办法》应该对《政府信息公开条例》所称的"数量、频次明显超过合理范围"到底是何意进行适当且尽可能明确的界定。但事实上,该办法仅仅是简单地对申请人申请政府信息公开的频次和数量进行了量化规定。具体而言,对于按件计算的,同一申请人一个自然月内累计申请超过 10 件的即视为"明显超过合理范围";而按量计算的,则当单件申请的数量超过 30 页时,即视为"明显超过合理范围"。这种处理方式,固然有易于计算和执行的优点,可其问题也是显而易见的。首先,该处理方式仅仅考虑了"量"的问题,而没有考虑"质"的问题,即没有在"质"上对何谓"明显超过合理范围"本身作出一个适当的界定。其次,这种处理方式并不符合人们的生活常识和生活经验。比如,某申请人仅仅申请一件不可分割的政府信息(如本应主动公开的一份规范性法律文件),而该文件超过了 30 页,此时要求申请人缴纳信息处理费显然难以符合人们有关"明显超过合理范围"的常识。

正是基于上述原因,有关政府信息公开中信息处理费的具体收费办法,在规定收费的条件或何谓"明显超过合理范围"时，一是需要从质上，作出符合人们生活常识与生活经验的界定；二是需要在量上，作出更为人们能接受的具体规定；三是对一些显然不应予以收费的情形进行专门规定，如对本应主动公开的政府信息或对不可分割的单件政府信息，无论其数量为多少，都不应向申请人收取信息处理费。

如何确定信息处理费的具体标准？

《政府信息公开条例》第四十二条在规定行政机关可以收取费用时，对于该收费的内容，其具体的表述是"信息处理费"，也即处理信息的费用。既然如此，该费用的数额应该与处理信息所实际支出的成本是相适应的，或者说应该是按市场标准收取的，而不应该脱离实际的信息处理成本。由此，收取该费用的直接目的也就在于让申请人承担相应的经济成本，而不应由财政经费承担这种进行"明显超过合理范围"的政府信息公开的成本。

但在《政府信息公开信息处理费管理办法》中，所规定的收费标准却是高昂的，甚至当单件申请的数量超过200页时，收费高达40元/页。这一收取标准，完全脱离了信息处理的成本，更是市场标准的百倍以上。此种标准，完全脱离了《政府信息公开条例》所规定的"信息处理费"本身，实际上是一种惩罚性的标准，其反映出来的目的已经不在于收取一定的费用，而在于阻止申请人申请公开相关政府信息。在这一规定之下，对超出一个月 10 件或单件超过 30 页的政府信息，公民是否可有效行使政府信息公开权利，实际上被授权给相关行政机关决定，且无相应的制约机制。在实践中，也几乎必然地出现了一些行政机关要求申请人缴纳高达 10 万余元的信息处理费的现象，令人匪夷所思。

《政府信息公开条例》第一条明确，政府信息公开立法的目的是"保障公民、法人和其他组织依法获取政府信息，提高政府工作的透明度，建设法治政府，充分发挥政府信息对人民群众生产、生活和经济社会活动的服务作用"。该条例也明确，政府信息公开工作以公开为常态、不公开为例外。这就表明，对于公民申请政府信息公开的权利，应该予以充分的保障，只有在申请人恶意申请政府信息公开，其申请的频次与数量已经"明显超过合理范围"，以至于到了超出一个正常人的生活常识和生活经验的程度时，才可收取一定信息处理成本。但当前实践中的信息处理费的收取目的、收取条件和具体标准，显然已经超出了《政府信息公开条例》所界定的范围，在一些地方，它已经成为公民行使政府信息知情权的拦路虎、绊脚石。

我们有理由相信，制定《政府信息公开信息处理费管理办法》出发点是希望通过收取信息处理费的方式，避免一些申请人恶意申请政府信息公开，给政府信息公开工作带来不必要的干扰。但鉴于实践中较多出现的一些行政机关借信息公开处理费之名阻碍公民依法申请政府信息的情形，相关主体宜正本清源，对该办法适时进行修订。

三十九、公职人员殴打他人，
不能因受到政务处分而了之

  2022 年 11 月 29 日，湖南省浏阳市荷花街道办事处综治中心主任廖某带领 3 名巡防队员，前往居民危某家中，处理其损坏因疫情防控而临时关闭的大门门锁一事。在处理过程中，廖某当着两个幼童的面，对危某进行了殴打，引发舆论的关注。12 月 3 日，湖南省浏阳市纪委监委发布通报，给予廖某开除党籍、政务撤职处分，由管理岗九级降为管理岗十级。

  根据通报的内容，"廖某提出可不到派出所，到危某家中沟通，危某同意。廖某等 4 人进入客厅，在进一步沟通过程中，廖某言语粗暴并殴打危某"。而相关视频则显示：危某称"你威胁我"之后，廖某将危某推坐在沙发上，3 名身穿制服的男子上前。这时廖某伸手掌掴危某两次，并拖拽其头部，随后危某双手抱头躺在沙发上。廖某上前将危某拽起未果，这时两名孩童走过来，其中一名走路还不是很稳的孩子走到危某身边，喊着"爸爸"，一名身穿制服的男子试图将孩子抱起，此时廖某还在对危某进行呵斥。

廖某身为国家机关工作人员，带领另3人进入受害人家中殴打受害人，"掌掴业主两次，并拖拽其头部"，且在受害人"走路还不是很稳的孩子"也前来保护家人的情形下，还不停止其违法行为，情节可谓恶劣，连通报也认定，"廖某的行为构成严重违纪违法"。对此等行为，相关国家机关作出的政务处分，应该是严格按照《公职人员政务处分法》的相关规定作出的。至于为何是给予目前的处分，而不予开除，我们应该相信，这是处分机关充分考虑违法行为之情节等相关因素后作出的慎重裁量。

但是，政务处分是处分机关对有违法违纪行为的公职人员基于其公职身份而作出的制裁。在其他条件符合的情形下，政务处分与刑事处罚、行政处罚应该是并行不悖的。换言之，对于廖某的殴打他人行为，不能因为其接受了政务处分就可以豁免其触犯《刑法》或《治安管理处罚法》应接受的制裁。

根据目前的信息，我们还不能确定廖某是否构成犯罪，比如，其故意伤害行为的后果，是否已经严重到需要追究刑事责任的程度。但根据《公职人员政务处分法》，公职人员因故意犯罪而招致刑罚的，应予开除公职，目前处分机关未作开除决定，是不是意味着相关国家机关已经认定其不构成犯罪，此点有待明确。当然，更应认识到，犯罪与否之认定，其认定权并不在政务处分的作出机关。另外，根据《公职人员政务处分法》第四十九条规定："公职人员依法受到刑事责任追究的，监察机关应当根据司法机关的生效判决、裁定、决定及其认定的事实和情节，依照本法规定给予政务处分。"通常，如果公职人员的行为涉嫌犯罪的，特别是被启动刑事追责程序的，则政务处分机关应待相关司法结论作出后再作政务处分。当然，也不排除在某些情形之下因特定原因（如平息民愤）先作出政务处分，后续再根据情形考虑调整与否及如何调整。

退一步说，廖某之违法行为即便不构成犯罪，也应该受到治安管理处罚。《治安管理处罚法》第四十三条规定："殴打他人的，或者故意伤害他人身体的，处五日以上十日以下拘留，并处二百元以上五百元以下罚款；情节较轻的，处五日以下拘留或者五百元以下罚款。"此种处罚并不会因为违法行为人具有公职身份与否而作改变。根据官方通报，廖某之行为已"严重违纪违法"，因此，至少应该处以拘留以上并处罚款的治安行政处罚。

廖某等人之行为，违法情节不可谓不严重，社会影响不可谓不恶劣。在百度上，以"浏阳、街道、打人"为关键词进行搜索，信息高达 285 万条。在此全民防控疫情、政府防控行为被公众所瞩目的关键时刻，对此种与抗疫相关而引发社会各界高度关注的"严重违纪违法"行为，务须严格依法予以惩治，切不可以政务处分替代刑事处罚或行政处罚。如此，才能让人们感受到法律的公正性，提高政府的公信力！

四十、平反冤案后我们应该做什么？

2016 年 12 月 2 日上午，最高人民法院就聂树斌案再审宣判，宣告冤死 20 余年的聂树斌无罪。就此，有媒体大标题报道："聂父失声痛哭感谢国家"。

一个无辜的生命沉冤得雪，这是我们都期待的，也是一个正常社会应有的。但在这样一个日子里，我们应该做的是什么？是"感谢国家"吗？

没错，是"国家"启动了再审程序，还了聂树斌清白。但又是谁借着正义之名，残忍地剥夺了一个无辜青年的生命？

没错，是"国家"启动了再审程序，还了聂树斌清白。但是，聂案发生 10 年之后，真凶即声称案件系其所犯，为什么迟至又过了 11 年之后才启动重审，才为无辜的生命洗冤？是什么原因在影响重审的正常启动？甚至发生了在法庭上辩方力证自己是真凶，而控方却极力否认的荒谬场景？！若不是社会各界的持续关注与有识之士的大声疾呼，聂树斌能不能等来洗冤之日？

　　没错，是"国家"启动了再审程序，还了聂树斌清白。但是，我们有没有想过，导致冤案的众多因素中，除了人的因素外，是不是还有制度的因素？若承认存在制度因素，那么，制度不完善，就意味着制造冤案的土壤仍然没有铲除，就可以想象，还可能有类似"聂树斌"者沉冤未雪；就可以想象，将来也难免有人会再成为聂树斌。尽管我们都必须承认，没有任何一个国家，也没有任何一个制度是完美的。

　　或许有人会说，"感谢国家"不是媒体在宣扬，而是聂父自己的意思。但从报道看，聂父只是说了"感谢依法治国"，他感谢的是法治这种能洗冤的价值与制度，而不是冤杀了他儿子的机制。即便是这样，聂父的话反映的也是中国农民的善良纯朴绝望无助，反映的也是他们对国家低得不能再低的要求。我们好意思把他的意思曲解为"感谢国家"吗？我不由得怀疑：个别所谓专业媒体，虽号称社会之公器，但其专业性是值得怀疑的，其所为，至多也只是在吸引眼球、哗众取宠。

　　作为政府的"国家"，是一定范围进行治理的手段，是人们实现生存和发展目标的次优选择。政府为了善的目标而存在，但政府本身应该是中性的，政府的秉性是一个国家里人的秉性的反映。人总是难免犯错，与人一样，政府也可能犯错。但我们应该通过制度的完善，尽量减少政府犯错的可能，并设置相应制度，在政府犯错时，进行及时的改正与弥补。正因此，才有了把权力关进制度笼子的理念，才有刑事诉讼制度、行政诉讼制度、国家赔偿制度存在的必要。但即使这样，杜绝政府犯错也是不可能的。

在此背景之下，我们要想到，不管概率大小，任何一个人都有成为聂树斌之可能。作为公民，我们没法有太多期待和选择，我甚至没有办法"百感交集"。我想说的，只有一句话：在这个日子里，宣扬"感谢国家"，是残忍的；在这个日子里，我们需要的是反思，而不是感谢。

（注：1995 年 4 月 25 日，河北省石家庄市鹿泉县人聂树斌因被认定在石家庄西郊方台村附近玉米地内强奸、杀害一名青年女性而被判处死刑，剥夺政治权利终身，同年 4 月 27 日被执行死刑，时年未满 21 周岁。

2005 年 1 月 17 日，河南省警方抓获逃犯王书金。王书金交代，此前被认定为聂树斌所犯之案实际系其所为。此事经媒体曝光之后，引发了社会各界的持续关注。2014 年 12 月 12 日，最高人民法院指令山东省高级人民法院复查聂树斌案。2016 年 12 月 2 日，最高人民法院第二巡回法庭对原审被告人聂树斌故意杀人、强奸妇女再审案公开宣判，宣告撤销原审判决，改判聂树斌无罪。

当日，某知名媒体对此事进行报道时，使用如下标题："得知判决结果 聂树斌父亲痛哭：感谢国家"。）

四十一、拜鬼求神，寻衅滋事与责任追究

——南京玄奘寺供奉日本战犯事件追责应严格、依法进行

南京玄奘寺供奉日本战犯事件曝光以来，舆情汹涌、民愤沸腾，各界强烈要求追究肇事者的责任。相关部门的反应也可谓迅速，很快公布了基本事实与初步处理结果。从法律的角度，此次严重伤害民族感情事件之责任追究尚未最终结束，相关国家机关在此过程中，有必要按照法律的规定，严格、依法追究责任，务必做到不枉不纵，该谁的责任就由谁来承担、该追究什么样的责任就承担什么样的责任。

根据已经公开的初步信息，此次事件可谓是一次"拜鬼"事件。何谓鬼？《辞海》认为：迷信者以为人死后精灵不灭，称之为鬼；百度百科则称：现代汉语的"鬼"常用于指邪恶、恐怖的东西，含贬义。拜鬼求神在我们的文化中，原是常见的事。一定政经氛围之下，莫说是鬼，神有时也泛着贬义，但即便这样，拜鬼求神本身也不是天然具有贬义的，至少于公众的一般拜鬼求神行为，是不被法律禁止的。

特别是，对于拜鬼求神者而言，其拜求的目的往往非常私人化，比如，祈求神保佑、祈求鬼放过，使之摆脱身心之不健康状态。在这种意义上，为着纯私人目的的、不事张扬的拜鬼求神本是纯个人的事，无论所拜的鬼是多恶的鬼，法律亦不必加以干预。

但当拜鬼求神的场合从私下场合转变为公众场合时，情形变得复杂起来。比如，对全民所恶的鬼，你若在家里偷偷地拜，法律评价上或可说是你自己的事；但你非要在一个公共场所拜，则难说是个人的事。更复杂的情形在于，若在一个可被定义为公共场所的地方，试图悄悄地拜恶鬼，那算不算是自己的事？还是算一个公开的事？甚至构成寻衅滋事？

到了寻衅滋事，特别是到了寻衅滋事罪这一步，问题就愈加地复杂和严肃起来。《刑法》第二百九十三条规定，有下列寻衅滋事行为之一，破坏社会秩序的，处五年以下有期徒刑、拘役或者管制：（一）随意殴打他人，情节恶劣的；（二）追逐、拦截、辱骂、恐吓他人，情节恶劣的；（三）强拿硬要或者任意损毁、占用公私财物，情节严重的；（四）在公共场所起哄闹事，造成公共场所秩序严重混乱的。据此条文，在公共场合拜恶鬼难以归入前三项，唯一有可能关联的是第四项，即"起哄闹事"。那么，本案中试图在公共场所悄悄拜鬼是不是《刑法》意义上的起哄闹事呢？此事可从主观和客观两个方面加以探讨。

从主观角度看，根据公开的信息，本案中拜恶鬼者的目的，并非去"闹事"、去影响他人、去扰乱公共秩序，其所想的，只是求恶鬼放讨自己——其并不认同"鬼"，只是惧怕"鬼"。当有人问恶鬼的身份时谎称是自己的朋友，也恰恰说明了其是无意张扬的。

从客观方面看，起哄闹事一般指制造事端，吸引众人聚集围观，或者造成公众恐慌逃散，造成扰乱社会秩序之后果。但本案中的"悄悄"拜恶鬼行为，尽管造成了群情激愤之后果，但其行为本身，是否符合"起哄闹事"是值得商榷的，毕竟，其是在努力地"悄悄"拜鬼，回避被他人知晓，而非制造事端、引起他人注意。

主观方面与客观方面，都是成罪的必要条件，但凡有一项不符，则难以成罪。因此，相关机关在认定拜鬼者是否构成寻衅滋事罪，若非构成此罪又是否构成其他罪名时，有必要以高度谨慎的态度对待之，构成犯罪的，则追究其刑事责任；不构成犯罪的，则依法追究其相应的法律责任。

但无论是否构成犯罪，拜恶鬼行为都是不可接受的，充分反映了有些人对自己国家和民族之历史的愚昧无知，此等行为应该受到严厉谴责。

即便拜鬼者本人脱罪，也不是说此事件即可由此过去。一个向公众开放的场合，公然供奉此等恶鬼，对民族感情的伤害是极为严重的。我们需要明确：此次事件，不只是有人去供奉恶鬼，若仅是如此，恶鬼不足以出现在此场合；使恶鬼得以被供奉的，还有相关宗教组织的审核和配合行为。甚至作为一个以供奉为主业之一的组织，其审核同意与配合才是恶鬼得以上位的核心环节。而鉴于审核是其职责所在，该组织也不得以无知或疏忽为由逃脱责任。也因此，相关宗教组织的法律责任是此次事件中更应关注的责任。而相关场合之监管者的责任，也同样需要予以关注。

截至目前，我们看到有关部门对监管者与宗教组织负责人追究了行政与政治责任。但若作为个人的拜鬼者都在被追究刑事责任，则对监管者与宗教组织负责人，除前述行政与政治责任之外，是否也有刑事责任问题？而至于说整顿反省之类，则恐更难针对拜鬼个人，而宜针对相关监管机关和宗教组织。

80多年前发生在南京的大屠杀，是民族历史中悲怆的一页，是无法抹灭的痛苦记忆。"恶鬼"们犯下的罪行不容原谅和质疑，对屠杀者的痛恨是不容挑战的民族感情，而公然供奉战犯恰恰是对民族感情的残忍、严重伤害！但道德的归道德，法律的归法律，法律责任的追究须严格遵循法律的规定。在道德评价之外，对不应承担法律责任特别是刑事责任者，不能超越法律的规定而追究之；而对须承担法律责任者，亦须严格追究其责任。

（注：2022 年 7 月 21 日，有网友反映，南京玄奘寺内供奉着 4 个日本战犯牌位，分别是战犯田中军吉、谷寿夫、松井石根、野田毅。

2022 年 7 月 24 日，南京市委、市政府调查组发布通报称：经调查，战犯牌位系吴啊萍个人于 2017 年 12 月出资供奉。2017 年 3 月以来，吴啊萍曾因失眠、焦虑等症状，先后3 次到医院就诊，并服用镇静催眠药物。据吴啊萍供述，其到南京后了解到侵华日军战犯的暴行，知道了松井石根等 5名战犯的罪行，遂产生心理阴影，长期被噩梦缠绕；在接触佛教后，产生了通过供奉 5 名侵华日军战犯"解冤释结""脱离苦难"的错误想法。吴啊萍出于自己对因果释结的错误认知和自私自利的动机，在明知 5 名被供奉者为侵华日军战犯的情况下，仍出资在宗教活动场所为其设置牌位，严重违背了佛教扬善惩恶的教义教规，严重破坏公共秩序，严重伤害民族感情，造成恶劣社会影响，涉嫌犯寻衅滋事罪，已被公安机关刑事拘留，案件正在进一步审理中。

通报称，此次事件发生后，南京市宗教事务管理部门对玄奘寺进行了调查处理，已责令玄奘寺进行整顿，并已撤换传真玄奘寺主要负责人职务；市佛教协会同时免除传真副会长职务。

通报称，南京市委、玄武区委及纪检监察机关已依纪依规依法对相关责任人作出严肃处理：对市民宗局党组书记、局长苏宇红予以诫勉，对市民宗局党组成员、副局长纪勤予以免职、给予党内严重警告处分，对市民宗局党组成员、副局长王键给予党内警告处分，对其他责任人员也予以相应处理。)

四十二、挺身而出与否，
这不仅是个人的事

  唐山恶徒调戏殴打女性事件曝光之后，一时间舆情沸腾。其中一种不满与愤慨在于，面对众目睽睽之下的暴行，为何无人出面制止？特别是，现场就餐者中，有不少男性，为什么整个过程中，没有一人挺身而出？而明星成龙更是表示，自己在看了视频之后气到彻夜未眠，"全程只有女孩子站出来帮助彼此，围观的男性全都无动于衷"。

  的确，现场视频显示，在整个暴行过程中，没有一个男性挺身而出，哪怕是请求暴徒停手也没有，更不要说出手制止！面对这样的事实，人们的愤慨是可以想象的。如果在场的人都可挺身而出，相信暴徒施暴时会有所顾虑，从而不至造成受害人如此的伤害；同时，这个事件即便被舆论关注，各界至少会同时注意到人们表现出来的正义感，而不至造成对当地社会如此重大的负面影响。

  对无男性挺身而出的愤慨意味着，愤慨者认为在场男性太过懦弱、保持了不应保持的沉默。作为一个事后的旁观者，笔者一度也无法遏制内心的愤怒，认为这是男性的悲哀！但冷静下来之后，自问"如果在现场，你会否挺身而出"时，笔者自认无法得出一个确定的答案。会或否，取决于当时的具体情境，取决于当时的血气上冲到什么程度。极大的可能，是经过理性的评估后放弃出手，而如现场的某些人一样，选择一个安全的方式进行报警。

如此设身处地思考之后，我们也可以想象：许多在场者并非没有产生过挺身而出的念头，而经过评估之后放弃了。因为他们也可能认为：如果贸然出手，后果就是非但不能有效制止暴行，反而会让自己也被施暴。

是的，按常理，在场的人不是没想过挺身而出，而是评估之后放弃了挺身而出。但是，问题就出在此处：为什么他们评估的结论是放弃，而不是出手？

我们可以相信，是否挺身而出，尽管与特定个人的性格特质密切相关，但总体上，这样的评估是一个理性的过程。

首先，这伙恶徒显然不是一般的醉汉而已，他们气焰极其张狂，可谓穷凶极恶。正如媒体所评论的，施暴对他们而言并非偶发之举，而是轻车熟路，可见作恶已久。而事后披露的有关其中一些人的累累恶行，也正说明了这一点。恶徒的嚣张无疑一定程度上"镇住"了拟出手者。

其次，当人们评估是否挺身而出时，自然会首先考虑自身的安危。这种考虑有两种不同的结论：1. 如果我出手了，极大可能仅仅只有我出手，那么，我将会被严重伤害，由此，我自然会慎之又慎，包括放弃出手；2. 如果我出手了，极大可能其他人也会出手，那么，出手的人力量会强于施暴者，此时挺身而出就不那么危险，人们就可能挺身而出。换言之，这是人们考虑是否挺身而出时对社会环境的一个评估。如果一个环境下，大家或多数人或许多人都会挺身而出，那么，人们挺身而出的可能性就大大增加。

最后，还有一个人们事到临头时不一定会直接考虑，但平时所见所闻会影响临场决定的因素：有没有一个良好的、鼓励人们挺身而出的制度环境。如果一个社会中，这方面的制度环境良好，虽有恶徒施暴，但事后这些暴行都会得到及时公正的惩罚；相应地，见义勇为者会因其善行而得到制度的肯认和鼓励，其遭受的损失也有公正的弥补乃至足够的奖励，那么，当人们面对暴行时，虽不及深入考虑，但自然会更倾向于作出一个挺身而出的决定。

到这里，我们或许可以有一个对为何无人挺身而出问题的初步答案和态度。

1. 在当时情形下，挺身而出并不是其他在场者的法定义务，无论出手与否，不能对其予以法律上的负面评价，甚至不宜对其作出道德上的负面评价。

2. 没有挺身而出的法定义务并不意味着鼓励人们冷漠。

恰恰相反，面对暴行时有人挺身而出、人们愿意挺身而出，是一个社会保持前进动力的必要前提。

3. 挺身而出需要良好的社会环境。如果一个社会中，人们都愿意在他人面临危难或暴行时挺身而出，那么，对于特定的人而言，挺身而出就相对不再是那么危险的事情。因为你不是一个人在战斗，你不过是众多会站出来战斗的人中的一员而已，因此，作出挺身而出的决定就不再是那么艰难。

4. 挺身而出需要制度环境。良好的制度环境尽管不会直接在人们决定是否挺身而出时起到直接的作用，但它的长期有效运行具有潜移默化的作用，会在人们心中种下必要时挺身而出的种子，从而在事到临头时倾向于作出既能保护自己，也能帮助他人的决定。

综合以上分析，我们可以认为：在特定的情境下挺身而出，更多是一个无须思考的瞬间的决定；不挺身而出，则是一个理性评估的过程和选择。

进一步的问题则在于，为什么在许多情形下，人们面对突发的暴行时，往往会倾向于进行理性的思考和选择？恶行在前，若人们的决定仍然都是经过细致的理性计算而作出的抉择，那么，是否意味着，这个群体中的人们已经失去了足够的血性？

一群人、一地人若彻底驯服，失去了基本的血性，面对暴行时尽管不失善良的秉性，但都在进行着理性的计算，或都等着他人挺身而出而自己搭安全便车，那么，长远来看，这就是其自身的灾难、整个群体的灾难。有太多的案例都在佐证着这个事实，包括那些死伤数十上百人的恶性事件。

没有人是孤岛，我们都在同一条船上，若无视他人的灾难，最后倾覆的将是整条船。

（注：2022 年 6 月 10 日凌晨，陈某志、马某齐、刘某 1、陈某亮、李某 1、沈某俊、李某瑞及刘某 2、姜某萍在唐山市路北区某烧烤店吃夜宵时，陈某志对正在店内与同事用餐的王某某进行骚扰，遭到拒绝和斥责后，陈某志遂殴打王某某，王某某与李某进行反抗。后陈某志等人分别在烧烤店内、店外便道上、店旁小胡同内，共同对被害人王某某、李某、远某、刘某某持椅子、酒瓶击打或拳打脚踢。案发后，4 名被害人由 120 救护车送医。经法医鉴定，被害人王某某、刘某某构成轻伤二级，李某、远某构成轻微伤。此事经媒体曝光后，社会舆论一时沸腾。

2022 年 9 月 13 日至 15 日，廊坊市广阳区人民法院一审公开开庭审理陈继志等恶势力组织违法犯罪一案。经审理，除查清前述犯罪事实外，还查明了被告人陈继志等人的其他罪行。9 月 23 日，廊坊市广阳区人民法院判决，被告人陈继志犯寻衅滋事罪，抢劫罪，聚众斗殴罪，开设赌场罪，非法拘禁罪，故意伤害罪，掩饰、隐瞒犯罪所得罪，帮助信息网络犯罪活动罪，数罪并罚，决定执行有期徒刑24年，并处罚金人民币32万元；对其余27名被告人依法判处11年至6个月有期徒刑不等的刑罚。)

四十三．陆谦的帽子

　　得闲，重温了梁家辉、徐锦江、林威等人主演的《水浒传之英雄本色》。作为一部30余年前的老电影，原也看过多次，不过今次的观看仍有不少收获与感慨，如武打的设计与再早10年的影片相比已显成熟，流畅自然；人物的刻画已入骨髓，相当丰满。但其中最让人感慨的，乃是一个小细节：在最后的决斗场合，作为反面典型的陆谦面对强敌，居然三次将所戴之帽扶正，前两次是在打斗中帽子被打歪时，而最后一次则是在被林冲用长枪钉于旗杆之上而毙命之前。

　　陆谦注重形象，临死之前不忘要衣冠整齐，着实让人佩服。不过他那个帽子可不是一般的帽子，那是传说中的官帽，官帽不只是穿戴之物，更意味着官位、意味着权力。作为林冲曾经的多年好友，陆谦因贪图富贵而站在高俅这一边，多次设计陷害林冲，使尽浑身解数，方才混了个"虞候"的官位。他一次次地扶正帽子，实际上是一次次不忘关心自己的官位。而他之所以设计陷害林冲，乃至"不远千里"远赴沧州刺杀林冲，都是为着权力，因为林冲挡了他的官位晋升通道。按说这位老兄本是武林中人，功夫那也是相当了得，他之所以选择做这些有违侠义的事，说到底还是因为官位对他来说太重要了，以至于在生死决斗之间，所念念不忘的，仍是自己的官帽是否戴正了，乃至临死瞬间，也拼着最后一丝气力，恭恭敬敬将官帽扶正了再去见阎王——尽管虞候这一官位据说仅相当于今日之连排级基础官职。

为官之人，以晋升为追求的目标，这本没什么可指摘的。但到了陆谦那样临死不忘扶正官帽的份儿上，也算是将对官位的欲望发挥到了极致，真让人道不清是可悲可叹还是可歌可泣甚或可恨可恶。

不过话说回来，咱们也不能老惦记着批判他。陆谦是近千年前的宋朝人，那个时代追求功名几乎是唯一的正道，读书人尚且如此，武林中人不能免俗亦可理解（越剧《盘妻索妻》中，梁玉书高中状元后因被逼着休妻娶皇叔之女，乃弃官而归，只能算是个例外）。即使是千年之后，这样的人又哪里少了呢？在已现代化、民主化的今天，对官位的欲念还不一样时时地缠绕于一些人的心间而挥之不去吗？要不哪会有这许多人学而优则仕、商而优则仕、演而优则仕？当然，"入仕"本身并非问题，只是当众人皆趋之若鹜，那就是个值得思考的问题。

　　陆谦的官位来自高俅，因此要为高俅卖命，他也相信高俅会履行对他的承诺，"保他为将军"。千年后的今天，某些迷恋着官位的人，还不一样地在下属与百姓前颐指气使、飞扬跋扈，在上司面前则点头哈腰、卑躬屈膝？只要权力和官位能给人带来足够的好处而又不存在有效的制约，只要可凭借权力和官位任意攫取而又不用承担足够的风险，那么对权力对官位的欲念与迷恋就不会消减，这是人性使然。

　　官位和权力来自谁，官员自然就听谁的。只要官位和权力是来自高俅这样的人，那么对高俅之流的奴颜婢膝就不会稍减。如果历史可以重来，让历代官员们的官位都来自老百姓并对权力施以有效约束，那些视官位与权力赛过身家性命的人如陆谦之辈，自然也就对老百姓服服帖帖了。

　　这个理，古往今来皆如此，不会变。

　　这个理，自今而后仍如此，不会变。

后　记

　　我的本职工作是在高校里从事行政法教学与科研。我相信，在可能的范围内，每一个人的职业选择都与自己的成长经历及个人志趣相关。

　　初中毕业之后，我曾经在家务农。也就在这段时间前后，我注意到了身边发生的一些至今无法忘记的事：同学的哥哥因从外地带了漂亮女朋友回家同居，数月后被罚款400元；村邻们因未经批准砍伐了自家承包山上的松木，乡干部四处查缉，乃至从经伪装的楼梯间、从卧室床底下把这些木头起出没收；邻居大哥因未领取准生证而生了孩子，被有司搬走了家里的家具，还砍光了他家竹林里的毛竹抵交罚款；……

　　对这些个事，身边的人们颇多愤慨，但更多无奈，最后也就承受了；刚刚晓事的我对此更是充满疑惑，但同样没有想出一个所以然来，趋势是与大家一起麻木。可日复一日看不到尽头的地头重复劳作，却让我日渐不甘，终至决意上学，试图经由这几乎唯一的路径改变生活的轨迹。接下来的几年间，我把全部的自己都投入到了应试学习中，总算获得了接受高等教育的机会。

大学期间，有关人生、社会与法律的想法逐渐形成而又未定型，早年的疑惑似乎有了答案，但有时又会飘忽和动摇。于是，我在大学毕业后选择进机关"看看"，以更多了解行政权力与法律的运作，如果感觉不错，或许就按乡民的传统与期待，一直留下。然而，恰如最初预期的一样，我未能说服自己。数年之后，我考研重回校园，并且一来不复返，完成学业后就留在了校园从事教学与研究工作。对这一段经历，有人戏称是个"阳谋"：从上岸伊始就想着是否离开以及什么时候离开，显属态度不够真诚。

但这样的成长经历，对我来说是影响巨大的。它让我对一般公众特别是最底层民众的生活状态保持着特别的关注；让我在行政法理论之外，关注行政法与行政权力如何实际运作；让我关注在公共治理的过程中，行政权力与公民权利呈现出一种什么样的关系、是否能够以适当的方式保持平衡以及如何保持平衡。

一定程度上，也正是因为对行政法实际运作的关注，以及对行政权力与公民权利如何获得平衡的疑惑与焦虑，我时不时对社会上发生的相关新闻事件想说上几句。尽管我也知道，一个公民的说与不说，对事情的发展起不了什么作用。

可有时我又会想，针对法律问题和法律现象，如果法律工作者都不说，那么一般公众还有多少人会去说？如果每一个人都不说，那么，可对事情起影响者和作决策者会不会认为，这个社会上就没有其他声音？于是，当觉得忍无可忍之时，我便会如某人所说那样"嘴贱"嚷上几句——万一我所说的话中，有那么一两句可引起共鸣，以至于被听到呢？

但我也是一个慵懒甚或怯懦之人，做不到路见不平就提笔相论，而总是等到忍无可忍时才说上几句，于是这些可被称之为评论的小文章，多年来也总是有一搭没一搭的。到了2020年之后，人们的生活进入一个特别的时期，忍不住想说的事情更多了起来，加上我的同门和同事赵宏老师的邀约，我才开始稍稍地多说了些。

然而即便如此，对这些小文章，我之前也从未想到要结集出版：从实际效果的角度，说这些话题多半是过过嘴瘾、舒缓胸气而已，想其他做甚？2022年冬季的一个寒冷下午，我正呼吸着经过口罩过滤的空气在街上行走，赵宏老师打来电话，说事过程中，她提到有关将评论文章结集的事。对于一个教书匠，结集出书当然是个很有吸引力的提议，那感觉就如在混沌世界中漫游时看了一束可能和路有关的光，当时我的心就闪亮了一下。但我很快就自我否决了：我所讨论的这些个事，单个说说也就罢了，集中起来拿出来说，哪能合乎时宜？

　　2023 年 6 月，中国政法大学启动了"中央高校基本科研业务费专项资金后期资助项目"的申报，我突然就想到了赵宏老师的建议。于是将所写小文中自以为可以公开的部分汇总起来，加以分类整理，然后通过法学院提出了申请。感谢学校的慷慨支持和评委们的宽容大度，居然让这个不成熟的小书通过了评审，获得了项目的资助。从这个时候开始，本书的整理与编辑才正式启动。

　　收入本书的文章，大部分都曾经在媒体上发表过，这些媒体包括但不限于：凤凰网"风声"栏目、澎湃网"法治的细节"栏目、《财经》杂志、《财新》杂志、《经济观察报》、《新京报》、《中国新闻周刊》、每日经济新闻、光明网、顶端新闻等。收入本书时，有些文章进行了必要的调整和修改，有些文章在文后对其背景作了说明。另外，还有一些本拟纳入的文章，经再三权衡后排除在外了。

　　本书最初拟定名为"权利的声音——生活中的行政权力与公民权利"，但由于主标题与副标题重合等原因，故经商量后舍弃。最终将书中一章的原标题"公共治理是个精细活儿"确定为主书名，以表明对行政权力依法、妥当行使的期待，并向一位尊敬的师长致敬。

　　本书的出版，要特别感谢北京出版集团文津出版社总编辑高立志先生和责任编辑侯天保先生。高立志总编辑审读了全文，提出了专业的关键建议，保证了本书可得以公开出版；侯天保责编从本书的形式到内容，从书名到文章，在几乎每一个环节和每一处细节都与作者进行了深入的探讨，开展了一丝不苟的工作，若非他专业、严谨的工作，本书将无法以现在的面貌呈现给大家。

本书的出版，也要感谢我的在读研究生陈钰、雷晓琳、陈依雯、王晓宇、赵欣悦、朱思颖等人，尽管由于人数较多无法一一列明，但对他们在查找资料、校对文字乃至选定装帧和封面方案等方面所做的工作，我都深表感谢，本书得以出版，也凝结着他们的辛勤付出。

古人云：文以载道。可是，载道之文都是宏文，而这本小书所收之文皆属小文，自然载不了"道"，更何况"道"实难道。但我仍窃想着，对那些能成为新闻的事件，从法律的角度吼上一嗓或嘟囔上一句，至少也算是这个社会上本该有的众多声音中的一个。

谨以此书致敬构成这个社会的千千万万的人们，特别是那些当遭遇不公时，他们的声音都无法为外人所知的人们。

谨以此书致敬这个时代应该存在的公平正义，以及所有为追求公平正义而作出的坚守与努力。

蔡乐渭

2024 年 8 月 18 日

图书在版编目（CIP）数据

公共治理是个精细活儿：生活中的法学、法律与法治 / 蔡乐渭著 . — 北京 ：文津出版社，2025. 1.
ISBN 978-7-80554-919-4

Ⅰ. D63

中国国家版本馆 CIP 数据核字第 2024X6F153 号

总　策　划：高立志　　　　责任编辑：侯天保
责任印制：燕雨萌　　　　　责任营销：王绍君
封面图片：关建梅　　　　　装帧设计：田　晗

公共治理是个精细活儿
生活中的法学、法律与法治
GONGGONG ZHILI SHIGE JINGXIHUOER

蔡乐渭　著

出　　版　北京出版集团
　　　　　文 津 出 版 社
地　　址　北京北三环中路 6 号
邮　　编　100120
网　　址　www.bph.com.cn
发　　行　北京伦洋图书出版有限公司
印　　刷　河北鑫玉鸿程印刷有限公司
经　　销　新华书店
开　　本　880 毫米 × 1230 毫米　1/32
印　　张　10.5
字　　数　188 千字
版　　次　2025 年 1 月第 1 版
印　　次　2025 年 1 月第 1 次印刷
书　　号　ISBN 978-7-80554-919-4
定　　价　88.00 元

如有印装质量问题，由本社负责调换
质量监督电话　010-58572393